전문가 7인의 보험과 세금

현장 전문가들의 리얼 머니 인사이트

전문가 7인의 보험과 세금

프롤로그

7인의 보험전문가가 말하는 보험과 세금

현대 사회에서 보험은 단순히 위험을 보장하는 장치에 머무르지 않는다. 이제 보험은 초고령사회에서 없어서는 안 될 필수 금융상품으로 자리 잡았다. 과거에는 사고나 질병 등 불의의 상황에 대비하는 보장적 성격이 중심이었다면, 오늘날의 보험은 재산 관리와 세금 전략의 핵심 도구로까지 확대되고 있다. 상속과 증여, 연말정산, 비용 처리 등 개인과 기업 모두에게 중요한 재무적 선택의 순간마다 보험이 중요한 역할을 한다는 사실은 더 이상 낯설지 않다.

이 책은 7인의 보험전문가가 각자의 경험과 시각을 바탕으로 보험과 세금의 관계를 풀어낸 결과물이다. 전문가들은 각기 다른 분야에서 활동하며, 다양한 사례와 노하우를 쌓아왔다. 그들의 이야기를 한데 모은 이유는 단순하다. 변화하는 세법 속에서 보험을 어떻게 활용할 수 있는지, 그리고 보험이 가진 본질적 가치를 어떻게 재해석할 수 있는지를 독자들에게 생생하게 전하기 위함이다.

보험상품은 해마다 다양해지고 있다. 종신보험, 변액보험, 연금보험, 달러보험 등 그 형태가 복잡해지는 만큼 세법 역시 시대의 흐름에 맞게 달라지고 있다. 세제 혜택을 제공하는 연금저축이나 IRP(개인형퇴직연금)부터, 상속세 절감을 목적으로 활용되는 종신보험, 자녀 증여 설계에 적용되는 저축성 보험까지 활용 방법은 무궁무진하다. 하지만 이러한 제도를 제대로 이해하지 못한다면 오히려 불리한 결과를 초래할 수 있다. 이 때문에 각 분야의 전문가들이 강조하는 것은 단순한 상품 가입이 아니라 '올바른 이해와 전략적 활용'이다.

　책 속에서 한 전문가는 상속 설계에 있어 보험이 어떤 역할을 하는지를 실제 상담 사례를 통해 소개한다. 거액의 부동산 자산을 보유한 고령의 사업가가 상속세 부담을 줄이기 위해 선택한 방법은 종신보험을 통한 유동성 확보였다. 또 다른 전문가는 중소기업 대표의 사례를 들며, 보험료를 비용 처리하여 기업의 재무 안정성을 높이는 동시에 대표 개인의 노후 자금까지 준비할 수 있는 방안을 설명한다. 이처럼 각 전문가가 풀어내는 사례는 단순한 이론적 설명을 넘어 현실적인 대안이 된다.

　특히 눈여겨볼 점은 전문가들이 서로 다른 입장을 견지하면서도 공통적으로 강조하는 핵심 메시지가 있다는 것이다. 그것은 바로 보험은 단순한 위험 대비 수단을 넘어 '세금 전략의 도구'라는 점이다. 연말정산에서의 소득공제 효과, 자녀에게 미리 증여할 때의 절세 전략, 은퇴 후 안정적인 연금 수령 구조 설계 등, 보험이 개입할 수 있는 영역은 매우 넓다. 이는 곧 보험을 단순히 '보험사고 보장'으로만 이해했던 과거의 시각에서 벗어나, 인생 전반의 재무 관리 도구로 바라봐야 함을 시사한다.

　오늘날 한국 사회는 초고령화가 빠르게 진행되면서 세금과 자산 관리에 대한 관심이 높아지고 있다. 국민연금, 퇴직연금 등 공적 제도만으로는 부족하다는 인식이 확산되면서, 개인의 선택과 준비가 중요해지고 있다. 이러한 맥락에서 보험은 단순히 하나의 금융상품이 아니라, 세금을 합리적으로 조정하고 미래의 불확실성을 대비하는 지혜로운 수단으로 자리매김하고 있다.

　이 책은 독자들에게 단순히 보험의 기능을 소개하는 것을 넘어, 세법 변화에 맞추어 보험을 어떻게 활용할 수 있는지에 대한 구체적인 길잡이를 제시한다. 7인의 전문가가 각자의 언어로 풀어낸 사례와 조언을 통해 독자들은 자신의 상황에 맞는 해법을 발견할 수 있을 것이다. 또한, 서로 다른 시각 속에서 드러나는 공통된 메시지를 통해, 보험이 왜 오늘날 그토록 중요한 자산 관리 수단이 되었는지를 이해하게 될 것이다.

결국, 보험은 더 이상 '위험 대비용 상품'에 머물지 않는다. 그것은 노후의 삶을 지탱하는 연금의 기둥이자, 상속과 증여의 다리가 되며, 기업의 재무 전략을 뒷받침하는 든든한 파트너이다. 이 책은 그 진실을 다양한 사례와 전문가의 목소리를 통해 보여준다. 보험과 세금이라는 복잡하고도 중요한 주제를 독자에게 알기 쉽게 풀어내며, 나아가 현명한 재무 설계를 위한 실질적인 가이드를 제공한다.

차례

제1부 | 김동건의 시선
보험으로 지키는 합법적 자산관리법!

저자소개	016
이 글을 시작하며	017

· **Q&A** · 보험 가입과 세금 절세에 관한 자주 묻는 질문

Q01. 보장성 보험에 가입하면 세액 공제를 받을 수 있을까? ······ 018

Q02. 맞벌이 부부는 보장성 보험 세액공제를 받을 수 있을까? ······ 020

Q03. 보장성 보험은 압류될 수 있을까? ······ 022

Q04. 부모가 자녀를 위해 보험료를 대신 납부한 경우 증여세는 언제 과세될까? ······ 024

Q05. 증여받은 재산으로 보험료를 납부하면 증여세를 피할 수 있을까? ······ 026

Q06. 보험 계약 기간 중 계약자·수익자를 변경하면 증여세는 언제, 어떻게 과세될까? ······ 028

Q07. 미성년자 명의 보험 가입, 증여세는 어떻게 될까? ······ 031

Q08. 얼마까지 증여세 없이 증여받을 수 있을까? ⋯⋯⋯⋯⋯⋯⋯⋯ 033

Q09. 고소득자에게 적용되는 소득·지출 분석 시스템(PCI)이란
무엇인가? ⋯⋯⋯⋯⋯⋯⋯⋯⋯⋯⋯⋯⋯⋯⋯⋯⋯⋯⋯⋯⋯⋯⋯⋯⋯⋯⋯ 035

Q10. 고소득 자영사업자에게 적용되는 성실 신고 확인 제도란
무엇인가? ⋯⋯⋯⋯⋯⋯⋯⋯⋯⋯⋯⋯⋯⋯⋯⋯⋯⋯⋯⋯⋯⋯⋯⋯⋯⋯⋯ 037

제2부 | 김려원의 시선
CEO플랜으로 완성하는 기업 절세 전략법!

저자소개 ⋯⋯⋯⋯⋯⋯⋯⋯⋯⋯⋯⋯⋯⋯⋯⋯⋯⋯⋯⋯⋯⋯⋯⋯⋯⋯⋯⋯⋯ 042

이 글을 시작하며 ⋯⋯⋯⋯⋯⋯⋯⋯⋯⋯⋯⋯⋯⋯⋯⋯⋯⋯⋯⋯⋯⋯⋯⋯ 043

· PART 1 · CEO 플랜, 실제 상담 사례로 보는 효과 ⋯⋯⋯⋯ 044

· PART 2 · CEO 플랜, 왜 필요한가 ⋯⋯⋯⋯⋯⋯⋯⋯⋯⋯⋯⋯⋯ 048

· PART 3 · CEO플랜, 정관 정비 없이는 완성될 수 없다 ⋯⋯ 052

· PART 4 · 경영인정기보험과 법인세 절세 구조 ⋯⋯⋯⋯⋯⋯ 056

· 핵심브리핑 · 개인사업자, 언제 법인으로 전환해야 할까? ⋯⋯ 060

· 핵심브리핑 · 경영인정기보험, 손비 인정은 어떻게 될까? ⋯⋯ 064

· 핵심브리핑 · 법인컨설팅, 기업의 성장 단계별 반드시
준비해야 할 생존 전략 ⋯⋯⋯⋯⋯⋯⋯⋯⋯⋯⋯⋯ 068

제3부 | 박기덕의 시선
종신보험으로 준비하는 상속세 절세법!

- 저자소개 ······ 074
- 이 글을 시작하며 ······ 075
- · PART 1 · 보험으로 누리는 절세 전략 ······ 076
- · PART 2 · 단기납 종신보험 비과세 대상일까? ······ 079
- · PART 3 · 달러보험, 세금은 어떻게 될까? ······ 083
- · PART 4 · 종신보험을 활용한 상속세 절세 전략 ······ 086
- · 핵심브리핑 · 단기납 종신보험, 왜 주목받는가 ······ 090
- · 핵심브리핑 · 달러보험의 특징과 장단점 ······ 094
- · 마무리하며 · 보험과 세금혜택, 절세 전략의 완성 ······ 098

제4부 | 방시화의 시선
비과세 보험으로 지키는 자산 관리법!

- 저자소개 ······ 106
- 이 글을 시작하며 ······ 107

- PART 1 · 보험은 위험 대비와 절세를 동시에 실현할 수 있는 금융상품이다 ·········· 108
- PART 2 · 성공적인 자산관리를 위한 비과세 보험 100% 활용 전략 ·········· 111
- PART 3 · 비과세 저축을 고려해야 하는 이유 ·········· 114
- PART 4 · 단기납 종신보험의 함정과 활용법 ·········· 117
- PART 5 · 과세 확대 흐름과 비과세 전략 ·········· 121

제5부 | 이보라의 시선
보험으로 준비하는 부의 이전법!

저자소개 ·········· 130
이 글을 시작하며 ·········· 131
- PART 1 · 상속설계 ·········· 132
- PART 2 · 증여설계 ·········· 140
- PART 3 · 개인사업자 절세 전략 ·········· 147
- 상담사례-1 · 사업자 대표의 보장자산 및 상속·세무 설계 ·········· 153
- 상담사례-2 · 비과세저축보험과 자녀연금까지 고려한 맞춤 설계 ·········· 155

제6부 | 이여희의 시선
보험으로 완성하는 현실 절세법!

저자소개 ··· 162

이 글을 시작하며 ·· 163

· PART 1 · 직장인을 위한 보험 절세 가이드 ····················· 164

· PART 2 · 개인사업자를 위한 보험 절세 가이드 ·············· 178

· 부록 · 개인사업자의 종합 절세 전략 ······························· 187

제7부 | 허두영의 시선
저축성 보험으로 설계하는 합법적 절세법!

저자소개 ··· 190

이 글을 시작하며 ·· 191

· Q&A · 저축성보험과 비과세 요건에 관한 자주 묻는 질문

Q01. 세법에서 규정하는 저축성보험의 개념과 비과세 요건은
무엇일까? ··· 192

Q02. 가입 후 10년 이내에 보험금을 중도인출하면 소득세가
과세될까? ··· 197

Q03. 계약자 변경 시 저축성보험의 비과세 요건은 어떻게
     달라질까? ·· 199

Q04. 즉시연금보험에도 이자소득세가 과세될까? ······················ 202

Q05. 세제적격연금과 세제비적격연금은 어떻게 다를까? ········ 205

Q06. 세제적격연금에 가입하면 어떤 절세 효과가 있을까? ···· 208

Q07. 세제적격연금을 중도에 해지하면 어떤 세금이 부과될까? ···· 211

Q08. 연금계좌란 무엇이며, 연금 수령 시 세금은 어떻게 부과될까? ···· 213

· 부록 · **세제적격연금의 단계별 세금 흐름** ······················ 216

보험과 세금
김동건의 시선

보험으로 지키는 합법적 자산관리법!

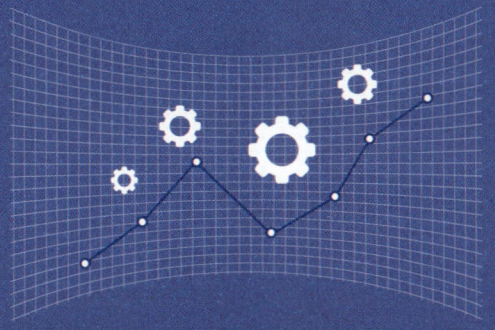

김동건
- 신한라이프 GA사업단장
- 국제공인재무설계사(CFP)
- 前 흥국생명 교육실장
- 前 삼성생명 설계사

저자는 보험, 재무설계, 절세 전략 분야에서 오랜 경험을 쌓아온 전문가다. FC부터 교육실장을 거쳐 현재 신한라이프에서 GA 사업단장으로 재직 중이며, 국제 공인 재무 설계사(CFP) 자격을 보유하고 있다. FP 교육과 조직 역량 강화를 이끌고 있다.

그는 보험을 단순한 보장 수단이 아닌, 세금 절감과 자산 관리의 핵심 도구로 해석한다. 세액공제, 비과세, 자산보호라는 세 가지 축을 중심으로 보험과 연금의 가치를 전하며, 이를 바탕으로 세제·연금·재무설계 교육에 힘쓰고 있다.

그는 '보험은 생노병사의 리스크 햇지와 더불어 세금 절감, 현금흐름 안정, 가족 자산 보호를 동시에 이끄는 플랫폼'이라는 철학으로, 독자들에게 전략적인 재무설계의 길을 제시하고자 한다.

이 글을 시작하며

보험, 절세, 그리고 합법적 재산 설계의 언어

보험은 단순한 위험 보장 수단을 넘어, 세법상 혜택을 활용한 합법적 자산 관리 도구다. 핵심은 세 가지다.

첫째, 세액공제. 보장성보험료는 연 100만 원 한도에서 12%(장애인 15%) 공제, 연금저축은 소득구간별 400만 원 한도 12~15% 공제가 적용된다. 이는 소득공제가 아닌 세액에서 직접 차감되는 제도다.

둘째, 비과세. 저축성보험은 10년 이상 유지 시 보험차익(이자) 비과세, 보장성 보험금도 과세되지 않는다.

셋째, 자산보호. 해약 환급금·사망 보험금의 일정 범위는 압류가 금지된다. 가족 금융으로 확장하면 증여세 시점과 공제한도를 고려해 자금 출처 관리가 필수다.

한편 고소득자는 국세청 PCI시스템과 성실 신고 확인 제도를 주의하며 현금흐름, 자산 이전 등의 리스크 관리가 필요하다. 요약하면, 보험은 세금 절감·현금흐름 안정·가족 자산 보호를 동시에 이끄는 플랫폼이다.

Q&A
보험 가입과 세금 절세에 관한 자주 묻는 질문

Q01. 보장성 보험에 가입하면 세액 공제를 받을 수 있을까?

보험은 단순히 위험에 대비하는 장치일 뿐 아니라, 세법에서 정한 조건을 충족하면 세금을 줄일 수 있는 수단이 되기도 한다. 특히 소득세법에서 말하는 보장성 보험은 근로소득자가 세액 공제를 받을 수 있는 대상이 되므로, 관련 내용을 잘 이해해 두면 실제 절세에 도움이 된다.

세법상 보장성 보험이란 만기에 돌려받는 금액이 납입한 보험료를 넘지 않는 상품을 뜻한다. 쉽게 말해 저축이나 투자의 성격보다는 순수하게 보장을 목적으로 하는 보험이다. 대표적으로 생명보험과 손해보험의 제3보험, 손해보험의 자동차보험, 화재보험이나 도난보험 같은 것들이 여기에 해당한다. 이런 보험은 불의의 사고나 질병에 대비하기 위한 것이므로 세법에서도 따로 구분하고 있다.

단, 보장성 보험료에 대한 세액 공제는 근로소득자에게만 적용된다.

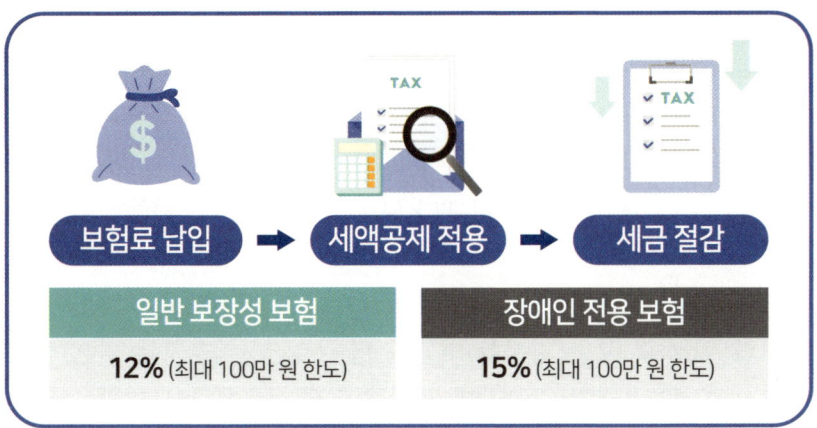

　예전에는 소득 공제 방식으로 운영되었으나, 2014년부터는 세액공제로 제도가 바뀌었다. 세액 공제는 납입 보험료의 일정 비율을 산출세액에서 직접 빼주는 방식이다. 일반 보장성 보험은 12%, 장애인 전용 보장성 보험은 15%가 적용된다. 예를 들어 연간 소득이 4,800만 원인 근로자가 보장성 보험료로 120만 원을 냈다고 하더라도, 세법상 인정되는 최대한도는 100만 원이다. 따라서 공제율 12%를 적용하면 12만 원의 세금이 줄어든다. 만약 같은 상황에서 장애인 전용 보장성 보험을 가입했다면, 15만 원까지 절세할 수 있다.

　과거의 소득 공제 제도는 납입 보험료가 과세 표준에서 차감된 후 세율을 곱하는 방식이어서 소득이 많을수록 절세 효과가 커졌다. 하지만 세액 공제로 바뀌면서 소득 수준에 관계없이 일정 비율이 동일하게 세금에서 차감된다. 그 결과 고소득자에게 집중되던 혜택이 줄고, 보다 형평성 있는 제도가 마련된 것이다.

　따라서 근로소득자가 보장성보험에 가입하면 연간 100만 원 한도에서 세액공제를 받을 수 있으며, 이는 위험에 대비하는 동시에 합법적인 절세 수단으로도 활용할 수 있다.

Q02. 맞벌이 부부는 보장성 보험 세액공제를 받을 수 있을까?

보장성 보험료에 대한 세액 공제를 받으려면 몇 가지 조건을 충족해야 한다. 가장 핵심은 보험의 피보험자가 근로소득자 본인이나 기본 공제 대상자여야 한다는 점이다. 기본 공제 대상자로 인정되려면 연간 소득금액이 100만 원 이하이어야 한다. 그렇기 때문에 맞벌이 부부처럼 두 사람 모두 일정한 소득이 있는 경우, 배우자는 기본 공제 대상자에 해당하지 않는다. 따라서 부부가 서로를 피보험자로 해서 가입한 보장성 보험은 세액 공제를 받을 수 없다.

소득금액을 계산할 때는 단순히 월급만 따지지 않는다. 종합소득, 퇴직소득, 양도소득 등 다양한 소득을 모두 합산하며, 총수입에서 필요 경비(또는 법에서 정해진 공제)를 뺀 금액이 기준이 된다.

단, 분리 과세 대상 소득이나 비과세 소득만 있는 경우에는 기본 공제 대상자로 인정된다. 예를 들어 금융 소득은 연간 2,000만 원 이하까지는 분리 과세되어 기본 공제 판정에서 제외되지만, 2,000만 원을 초과하면 종합 과세에 합산되어 소득 금액 100만 원 초과 여부를 따진다. 기타 소득도 연 300만 원 이하까지는 분리 과세 선택이 가능해 기본 공제 판정에서 제외되지만, 300만 원을 초과하면 종합 과세에 합산되어 소득 금액 100만 원을 초과할 경우 기본 공제 대상에서 제외된다.

결국 맞벌이 상황에서는 배우자가 근로소득을 갖고 있다면 공제 대상에 해당하지 않는다는 점을 반드시 기억해야 한다.

💬 상담사례

　남편 김 씨와 아내 이 씨는 모두 직장인이다. 김 씨는 아내를 위해 보험을 가입하면서 본인이 계약자가 되고 아내를 피보험자로 지정했다. 그러나 이 경우 아내는 이미 소득이 있는 근로소득자이므로 세액 공제가 불가능하다. 김 씨가 납입하는 보험료는 단순한 보장 기능만 할 뿐, 세제 혜택은 받을 수 없는 것이다.

　반면 같은 상황에서 김 씨가 계약자가 되고, 피보험자를 소득이 없는 미성년 자녀로 지정했다면 결과는 달라진다. 자녀는 연간 소득금액이 100만 원 이하인 기본 공제 대상자에 해당하므로, 납입한 보험료는 세액 공제 대상이 된다. 실제로 김 씨는 자녀 명의로 가입한 보장성 보험을 통해 연간 100만 원 한도 내에서 보험료의 12%를 세액 공제로 절약할 수 있었다.

　또 다른 예로, 부부가 고령의 부모를 공동 피보험자로 지정해 보험을 가입한 경우에도 공제가 가능하다. 부모가 기본 공제 대상자 요건을 충족한다면 보험료는 세액 공제 혜택을 받을 수 있다. 보험계약에 종피보험자도 있는 경우 주피보험자뿐 아니라 종피보험자도 함께 기본공제 대상자가 되어야 한다는 점도 유의해야 한다.

　결국 맞벌이 부부가 보장성 보험에 가입할 때는 피보험자의 범위와 기본 공제 요건을 철저히 확인해야 한다. 세액 공제는 근로소득자 본인이나 소득금액이 100만 원 이하인 가족을 피보험자로 했을 때만 가능하다. 소득이 있는 배우자나 자녀를 피보험자로 한 보험은 세제 혜택이 없으므로, 자녀나 부모처럼 요건을 충족하는 가족을 피보험자로 설정해야만 공제를 받을 수 있다.

[맞벌이 부부의 보장성 보험 세액공제 가능 여부]

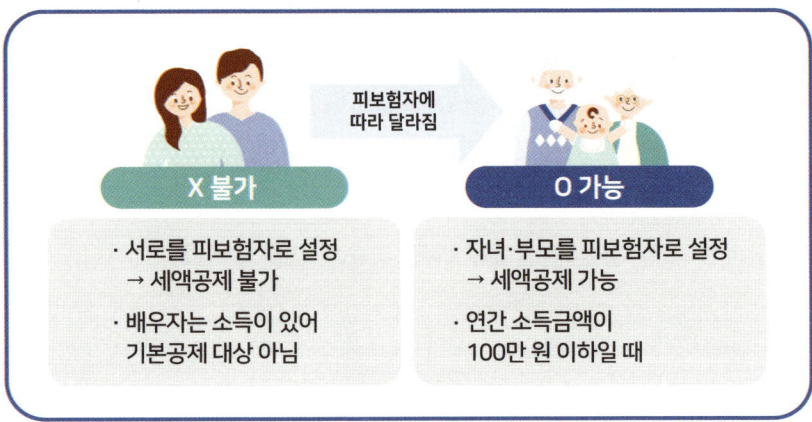

Q03. 보장성 보험은 압류될 수 있을까?

보험은 생활 속에서 불시에 닥칠 위험을 대비하는 든든한 안전망이다. 그러나 카드 대금을 연체하거나 세금을 내지 못해 채무 상황에 놓였을 때, 또는 사업상 어려움 때문에 세금을 체납하게 된 경우 내가 가입한 보장성 보험마저 압류될 수 있을까 하는 불안이 생긴다. 결론부터 말하자면, 보장성 보험은 본질적으로 생활 보장을 목적으로 하기 때문에 법에서 일정 부분 보호받는다.

보장성 보험에는 '압류 금지 규정'이 적용된다. 질병이나 사고로 인한 치료비, 수술비, 입원비, 장해 대비 등을 목적으로 마련된 보험은 생활에 꼭 필요한 성격을 가지므로, 법은 이를 쉽게 압류하지 못하도록 한다. 사망 보험금 역시 남은 가족의 생활을 지켜주는 기능이 크기 때문에 일정 금액까지는 보호된다. 예컨대 민사집행으로 인한 압류 기준에서는 해약 또는 만기환급금은 150만 원 이하, 사망보험금은

1000만 원 이하라면 압류금지가 되고, 국세체납으로 인한 압류기준에서는 해약, 만기환급금은 250만 이하, 사망 보험금은 1,500만 원 이하 압류대상에서 제외된다. 이는 최소한의 생활 보장을 해치지 않기 위한 장치다.

관련 법규1
민사집행법 제246조(압류금지채권) + 시행령 제6조

관련 법규2
국세징수법 제84조의2(압류금지 재산) + 시행령 제31조

※ 압류금지의 금액을 판단 할 때에는 약관대출금액은 고려하지 않는다.
- 대법원 판례

[보장성 보험 압류 금지 범위]

해약 환급금
민사집행: 150만
국세징수법: 250만

사망 보험금
민사집행: 1,000만
국세징수법: 1,500만

상담사례

　예를 들어, 직장인 박 씨는 예상치 못한 사업 실패로 카드 대금을 연체하게 되었고 채권자가 그의 재산에 대한 압류를 신청했다. 박 씨는 자신이 가입해 둔 암보험과 사망 보험금까지 압류될 수 있는지 크게 걱정했다. 그러나 실제로는 암보험의 해약 환급금이 120만 원 수준이었기 때문에, 법적으로 압류가 금지되

었다. 사망 보험금 역시 1,500만 원 한도 내에서는 보호되기 때문에, 유족이 생계를 이어가는 최소한의 장치로 남을 수 있었다.

또 다른 사례로, 자영업자 이 씨는 세금을 체납한 상태에서 국세청의 체납 처분을 받았다. 이 씨가 가입해 둔 상해보험에서 일시금으로 받을 수 있는 금액은 200만 원이었는데, 국세징수법상 250만 원까지는 압류가 금지되므로 역시 보호를 받을 수 있었다. 만약 이 금액이 300만 원이었다면, 초과분 50만 원에 대해서는 압류가 압류가 집행되었을 것이다.

또한 압류를 피하려고 계약자와 수익자를 억지로 변경하는 것은 위험하다. 예컨대 채무자가 재산을 은닉할 목적으로 계약 구조를 바꾼 경우, 채권자는 법원에 사해 행위 취소 소송을 제기할 수 있다. 실제로 판례에서도 채무 회피를 위한 인위적인 계약자 변경은 인정되지 않았으며, 오히려 불리한 결과로 이어졌다.

Q04. 부모가 자녀를 위해 보험료를 대신 납부한 경우 증여세는 언제 과세될까?

자녀의 장래를 준비하기 위해 부모가 대신 보험료를 납부하는 경우는 흔하다. 예컨대 미성년 자녀 명의로 연금보험을 가입한 뒤, 자녀가 사회에 나가 소득을 얻을 때까지 일정 기간 부모가 보험료를 대신 부담하는 방식이다. 그렇다면 이 과정에서 부모가 낸 보험료는 언제 증여로 보아 과세될까?

세법은 단순히 부모가 보험료를 대신 납부했다는 이유만으로 즉시 증여세를 부과하지 않는다. 증여로 판단되는 시점은 보험금이 실제로 발생하는 때, 즉 만기 보험금이 지급되거나 보험사고로 인해 보험금이 발생하는 시점이다. 따라서 보험계약이 유지되는 동안에는 부모가 대신 낸 보험료만으로는 증여세 과세 사유가 되지 않는다.

다만 보험금이 실제로 지급될 때는 계산이 달라진다. 증여재산가액은 부모가 대신 납부한 보험료 전체가 아니라, 보험금 중 부모가 납입한 보험료가 차지하는 비율만큼으로 산정한다.

💬 상담사례

예를 들어 총 보험료가 1억 원이고, 이 가운데 아버지가 2천만 원을 대신 납부했으며 나머지 8천만 원은 자녀가 직접 납부했다고 가정해 보자. 만기 시점에 보험금이 2억 원으로 지급되었다면, 아버지가 낸 보험료는 전체의 20%에 해당한다. 따라서 만기 보험금 2억 원 중 20%인 4천만 원이 증여재산가액으로 계산된다.

비슷한 또 다른 예를 들어 보자. 어머니가 10년 동안 자녀 대신 총 5천만 원의 보험료를 납부했고, 이후 자녀가 사회에 나간 뒤 본인 소득으로 나머지 5천만 원을 납부했다고 하자. 만기 시점에 총 3억 원의 보험금이 지급되었다면, 어머니가 낸 5천만 원은 전체 보험료의 절반에 해당한다. 따라서 보험금의 절반인 1억 5천만 원이 증여재산가액으로 계산되어 증여세 부과 대상이 된다.

부모가 자녀를 위해 보험료를 대신 납부했다고 해서 그 즉시 증여세가 과세되는 것은 아니다. 실제 보험금이 지급되는 시점에서 과세 여부가 결정되며, 이때 과세되는 금액은 부모가 납부한 보험료 비율에 해당하는 부분만이다. 이는 부모의 경제적 지원을 합리적으로 평가하면서도, 자녀가 스스로 납부한 부분까지 불필요하게 과세하지 않기 위한 장치라 할 수 있다.

Q05. 증여받은 재산으로 보험료를 납부하면 증여세를 피할 수 있을까?

부모가 자녀를 위해 현금을 증여하고, 그 돈으로 보험에 가입하는 경우는 흔하다. 예를 들어 대학생 자녀에게 학자금이나 결혼 준비 자금을 목적으로 일정 금액을 증여하고, 남은 돈으로 장기 보험에 가입하는 방식이다. 이때 많은 사람들이 '이미 증여세를 냈으니 보험료 납입과 관련해 더 이상 세금 문제가 없지 않을까?'라고 생각한다. 그러나 세법은 그렇게 단순하지 않다.

우선 증여세는 현금을 자녀에게 이전할 때 한 차례 과세된다. 따라서 동일한 금액에 대해 이중으로 세금을 부과하지는 않는다. 하지만 부모가 증여한 재산으로 납입한 보험료는 시간이 지나 보험금 또는 해지환급금으로 불어나기 때문에, 만기 시점에는 새로운 과세 문제가 생긴다. 세법은 보험금 중 증여받은 금액이 차지하는 비율을 따져보고, 그 부분에서 발생한 수익에 대해 다시 증여세를 과세한다. 즉, 원금 자체는 이미 과세가 끝났으므로 제외되지만, 증여 재산을 기반으로 발생한 이익은 새로운 증여로 보는 것이다.

> ### ••• 상담사례
>
> 예를 들어, 아버지인 박 씨가 소득이 없는 대학생 아들에게 1억 원을 증여했다고 하자. 아들은 이 돈을 증여세 신고 후 보험에 가입했고, 보험 만기(해지) 때 수령한 금액은 1억 3,515만 원이었다. 이 경우 원금 1억 원은 이미 증여 당시 과세가 끝났기 때문에 추가 세금은 없다. 그러나 불어난 3,515만 원은 별도의 과세 대상이 된다. 만약 이 계약에서 보험료 일부를 아버지가 추가로 납입했다면, 아버지가 납입한 비율만큼은 아들이 받은 부분에서 증여로 간주되어 추가 과세가 이루어진다.
>
> 또 다른 사례를 보자. 어머니가 자녀에게 5천만 원을 증여하고, 자녀는 이 돈으로 보험에 가입했다. 이후 자녀가 아르바이트를 하며 본인의 소득으로 보험료를 추가 납입했다면, 만기 시 보험금 중 자녀가 납입한 부분은 증여세와 무관하다. 반대로 모든 보험료를 부모가 증여한 재산으로만 납입했다면, 만기 보험금 전체가 사실상 부모의 지원으로 불어난 결과물이므로 과세 위험이 커진다.

이런 문제를 피하기 위해서는 자녀가 일정한 소득을 갖고 있는 것이 중요하다. 근로소득, 사업소득, 임대소득, 이자나 배당 같은 금융 소득이라도 있다면, 해당 소득으로 보험료를 납입했다고 주장할 수 있어 증여세 부담을 크게 줄일 수 있다. 그러나 소득이 전혀 없는 자녀라면 부모가 증여한 돈으로 납입한 보험료는 그대로 증여로 추정될 수밖에 없다.

따라서 자녀를 위해 보험을 가입할 때는 단순히 증여세 신고를 마쳤다고 안심할 것이 아니라, 보험금 수령 시점에서 세법상 어떤 효과가 발생할지까지 고려해야 한다. 특히 자녀가 독립적인 소득이 없는 경우라면 부모의 지원은 언제든 새로운 증여로 간주될 수 있다는 점을 반드시 기억해야 한다.

한편, 증여받은 돈으로 자녀가 본인 명의의 부동산이나 주식을 구매하여 임대 소득이나, 배당, 차익 등의 소득이 발생한 부분은 증여세와 무관하다.

[증여재산으로 납입한 보험료의 과세 여부]

항목	과세 여부	설명
증여 시점	과세	현금 증여에 대해 증여세 과세 (원금 기준)
보험 유지 중	없음	부모가 대신 납입했더라도 과세 없음
만기 or 해지환급금 지급 시	과세	증여시점 원금 초과분에 대한 증여세 과세

Q06. 보험 계약 기간 중 계약자·수익자를 변경하면 증여세는 언제, 어떻게 과세될까?

부모가 자녀를 위해 연금보험에 가입할 때 처음에는 부모를 계약자이자 수익자로 두는 경우가 많다. 하지만 자녀가 대학을 졸업하거나 취업을 하게 되면, 향후 재정 관리를 위해 계약자와 수익자를 자녀로 변경하는 선택을 하기도 한다. 이 과정에서 많은 사람들이 '이 시점에 곧바로 증여세를 내야 하는 것이 아닌가?' 하고 걱정한다.

그러나 세법은 단순한 계약자·수익자 명의 변경 자체를 곧바로 증여로 보지 않는다. 국세청도 '실질 효과'를 기준으로 증여 여부를 판단한다고 밝히고 있다.

- 계약자 이름만 자녀로 바뀌었을 뿐 여전히 부모가 보험료를 납입하고, 수익자도 부모라면 증여로 보지 않는다.
- 반대로, 계약자와 수익자 지위가 자녀에게 실질적으로 이전되어 모든 계약의 권리가 넘어갔다면, 이때는 계약자 변경 시점이 곧바로 증여 시점이 된다.

••• 상담사례

예를 들어, 아버지인 김 씨가 아들을 위해 연금보험에 가입했다고 가정해 보자. 계약자는 김 씨, 피보험자는 아들이다. 김 씨는 5년간 총 5천만 원의 보험료를 납입했다. 이후 아들이 대학을 졸업하고 취업을 하자, 계약자와 수익자를 아들로 변경하고 아들이 남은 납입 기간의 보험료 5천만 원을 납입했다. 많은 사람들이 계약자 변경 시점에 증여세가 과세된다고 오해하지만, 실제로는 그렇지 않다.

만기 시점이 도래하여 총 1억 원의 보험금이 아들에게 지급되었다고 하자. 이때 세법은 보험금의 성격을 따져본다. 김 씨가 납입한 5천만 원은 아들이 납입한 보험료가 아니므로, 만기 보험금 1억 원 중 절반인 5천만 원이 증여재산가액으로 계산된다. 따라서 증여세 과세 대상은 계약자 변경 시점이 아니라 보험금 지급 시점이며, 부모가 납입한 비율에 해당하는 금액만큼을 증여로 본다는 의미다.

증여의 판단 여부가 실질적인 증여세 납부로 이어지는지 여부는 'Q08의 증여 재산 공제' 부분을 참고하시면 된다.

대법원 역시 같은 취지로 판단하고 있다. 보험 계약자와 수익자가 중간에 바뀌었다고 하더라도, 그 자체만으로는 증여세 과세 사유가 되지 않는다. 실제로 보험금이 지급되었을 때, 그 안에 부모가 납입한 보험료가 포함되어 있다면 그 비율만큼만 증여세 과세 대상이 된다는 것이다. 이 원칙은 해약 환급금의 경우에도 동일하게 적용된다.

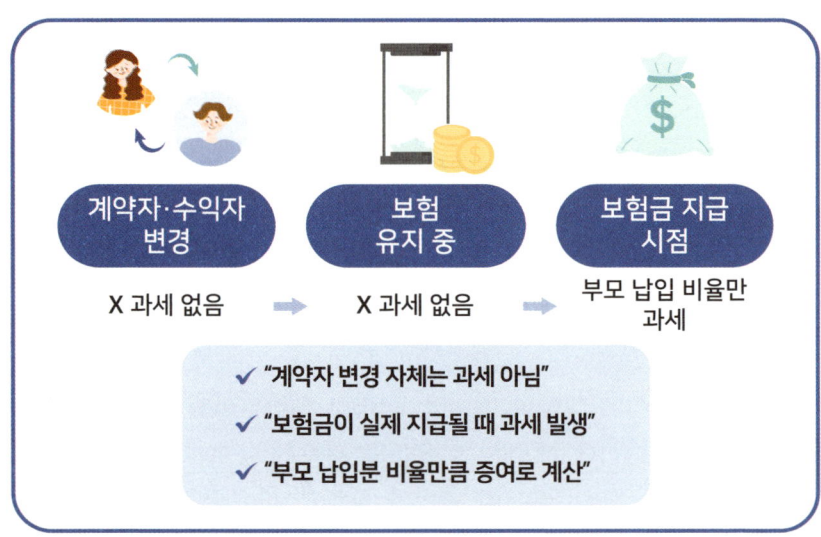

Q07. 미성년자 명의 보험 가입, 증여세는 어떻게 될까?

부모가 자녀를 위해 보험에 가입할 때, 미성년자인 자녀의 이름으로 계약을 진행하고 싶어 하는 경우가 많다. 하지만 이때 흔히 떠오르는 의문은 '자녀 명의로 보험에 가입하면 증여세가 바로 과세되지 않을까?'라는 걱정이다. 결론부터 말하면, 미성년자 명의의 보험이라고 해서 모두 증여세가 부과되는 것은 아니다. 다만 세법상 증여로 인정되려면 몇 가지 조건이 충족되어야 한다.

가장 대표적인 경우는 부모가 보험료를 전액 납부했는데, 만기 시점에 자녀가 보험금을 그대로 수령하고 이를 자유롭게 사용하는 상황이다. 이때는 사실상 부모가 보험료를 대신 낸 것과 같으므로, 자녀가 받은 보험금이 '증여 재산'으로 인정되어 증여세가 과세될 수 있다. 또한 보험금 규모가 상당하여 자녀의 독립적인 소득 수준을 넘어서는 경우, 세무 조사 과정에서 부모의 증여로 판단될 가능성도 있다. 하지만 단순히 계약 명의를 미성년 자녀로 했다는 이유만으로 세금 문제가 발생하지는 않는다.

특히 고액계약에서는 계약자를 부모로 할지 자녀로 할지를 두고 고민이 많다. 세법상으로는 계약 명의보다는 실제 보험료 납입 주체가 누구인가가 더 중요하다. 예를 들어, 부모가 보험료를 납부했다면 반드시 부모 통장에서 자녀 통장으로 자금이 이체된 기록이 남아 있어야 하고, 그 과정이 명확하게 입증될 수 있어야 한다. 만약 이런 근거가 없다면 불필요한 증여세 논란에 휘말릴 수 있다.

> **••• 상담사례**
>
> A씨는 고등학생 아들을 위해 종신보험에 가입했다. 계약자는 아들이었고, 피보험자는 아버지인 A씨였다. 보험료는 매달 A씨가 본인 통장에서 직접 납부했다. 이 경우 보험 계약 명의가 아들이라고 하더라도, 실제 보험료 납입자가 아버지라는 점이 명확하기 때문에 만기 시 아들이 보험금을 그대로 받게 된다면 증여로 간주될 여지가 있다. 특히 보험금 규모가 커져 수억 원에 이른다면 세무 당국은 부모가 자녀에게 재산을 무상 이전한 것으로 보고 증여세(또는 상속세)를 부과할 수 있다.
>
> 반대로 B씨는 비슷한 상황에서 조금 다른 방법을 선택했다. 처음에는 자녀 명의로 계약을 체결했지만, 만기 시점이 가까워지자 계약자와 수익자를 모두 부모 본인으로 변경했다. 그 결과 만기 보험금은 부모에게 직접 귀속되었고, 증여세 문제도 발생하지 않았다. 다만 이 과정에서도 부모가 실제 보험료를 납입한 사실이 객관적으로 증명될 수 있어야만 세법상 안전하게 처리된다.

전문가들은 미성년자 명의로 보험에 가입할 경우, 고등학생 이후 시기가 바람직하다고 말한다. 이 시기부터는 자녀가 아르바이트를 하거나 용돈을 관리하는 과정에서 일정 수준의 소득을 가질 수 있기 때문이다. 결국 증여세 과세 대상은 부모가 대신 낸 보험료에 한정되므로, 자녀가 실제로 소득을 올려 보험료를 직접 납입한다면 증여세 문제는 크게 줄어든다.

요약하자면 미성년자 명의로 보험을 가입한다고 해서 무조건 증여세가 부과되는 것은 아니다. 핵심은 보험료를 실제로 누가 납부했는지, 그리고 만기 시 보험금을 누가 수령하고 사용하는지에 달려 있다.

부모가 납입하고 자녀가 수령한다면 증여세가 과세될 수 있지만, 계약자 변경이나 소득 발생 시점을 고려하면 불필요한 세금 부담을 피할 수 있다. 따라서 자녀 명의 보험 가입을 고려한다면, 단순히 명의만 바꾸는 것에 안심할 것이 아니라 자금 출처와 사용 내역까지 철저히 관리하는 것이 필요하다.

[미성년자 명의 보험 가입 시 증여세 판단 기준]

Q08. 얼마까지 증여세 없이 증여받을 수 있을까?

재산을 증여할 때마다 무조건 증여세가 부과되는 것은 아니다. 상속세 및 증여세법에서는 일정 금액까지는 세금 없이 증여할 수 있도록 '증여재산공제' 제도를 두고 있다. 이 제도를 활용하면 배우자나 자녀, 손주, 혹은 친척에게 사전에 재산을 이전하면서도 세금을 줄일 수 있다.

증여재산공제는 10년 단위로 합산해 계산한다. 즉, 동일한 증여자와 수증자 사이에서 10년간 주고받은 증여재산을 모두 합산하여 한도 내에서는 과세하지 않고, 이를 초과하는 금액에 대해서만 증여세가 부과된다. 예를 들어 배우자 간에는 6억 원까지, 성년 자녀에게는 5천만 원, 미성년 자녀에게는 2천만 원까지, 그리고 손주·친척에게는 각각 1천만 원까지가 공제 한도이다. (※ 2025년 9월 현재, 증여세·상속세 공제 한도 확대 등 세제 완화 방안이 논의되고 있다.)

여기에 더해 2024년부터는 혼인과 출산을 장려하기 위한 새로운 공제 제도가 추가되었다. 혼인 시에는 2년 이내에 증여받은 재산 1억 원까지, 출산의 경우에도 출생 신고 후 2년 이내에 받은 증여재산 1억 원까지 별도로 공제가 가능하다. 다만 혼인과 출산 공제를 모두 적용받더라도 그 한도는 통합해 최대 1억 원으로 제한된다.

실무에서 주의할 점은 증여재산공제가 수증자(받는 사람) 기준으로 계산된다는 것이다. 즉, 여러 명으로부터 증여를 받더라도 받는 사람 입장에서 한도가 정해진다. 또한 할아버지와 아버지처럼 여러 직계존속에게서 증여를 받을 경우, 이는 합산되어 하나의 한도로 묶인다. 따라서 할아버지에게서 5천만 원, 아버지에게서 5천만 원을 증여받았다면 총 1억 원 중 절반만 공제되고, 나머지 5천만 원에 대해서는 증여세가 과세된다.

예시를 들어보자. 배우자가 6억 원을 증여받은 뒤 6년 후에 다시 5억 원을 받았다면, 10년 내 합산 기준에 따라 총 11억 원 중 6억 원은 공제되고, 초과한 5억 원에 대해서만 증여세가 부과된다. 또한 증여세 계산 시에는 10년 내 증여분을 합산하지만, 그 시가는 증여 당시의 가액으로 평가된다. 따라서 장기간에 걸쳐 증여가 이루어지는 경우에는 시가 변동까지 고려하여 장기적으로 가치가 높아질 주식과 부동산 등을 우선 증여하는 것을 고려해 볼 수 있다.

정리하면, 증여세 공제 제도를 활용하면 가족 간 자산 이전을 보다 합리적으로 진행할 수 있다. 예를 들어 최소한의 세금으로 성년 자녀에게 적정 증여를 시행하고 싶다면 5천만 원까지 증여세 비과세, 1억까지는 증여세율 10%이니 10년마다 1억 5천을 증여하는 것을 고려해 볼 수 있다. (10% 세율은 같은 금액의 소득세에 비하면 엄청나게 낮은 세율이다.) 이러한 제도를 이해하고 계획적으로 활용한다면, 세금을 줄이면서도 가족에게 재산을 안전하게 이전할 수 있다.

[증여재산공제 한도 요약]

구분	증여재산공제 한도
배우자	6억 원
성년 자녀	5천만 원
미성년 자녀	2천만 원
손주·친척	1천만 원
혼인·출산 (추가)	최대 1억 원 (통합 한도)

Q09. 고소득자에게 적용되는 소득·지출 분석 시스템(PCI)이란 무엇인가?

세무 조사 과정에서 종종 등장하는 개념이 바로 '소득·지출 분석 시스템(PCI)'이다. 이는 Property(재산)·Consumption(소비)·Income(소득)의 약자이다.

국세청은 납세자의 소득과 재산 증가, 그리고 소비 지출 내역을 종합적으로 비교하여 실제 신고한 소득과 차이가 있는지를 점검한다.

이 제도는 특히 고소득 자영업자나 사회적 문제를 일으킨 일부 전문직 사업자들이 현금 거래를 통해 세금을 탈루하는 사례를 막기 위해 도입되었다.

PCI 분석은 간단한 원리로 이루어진다.

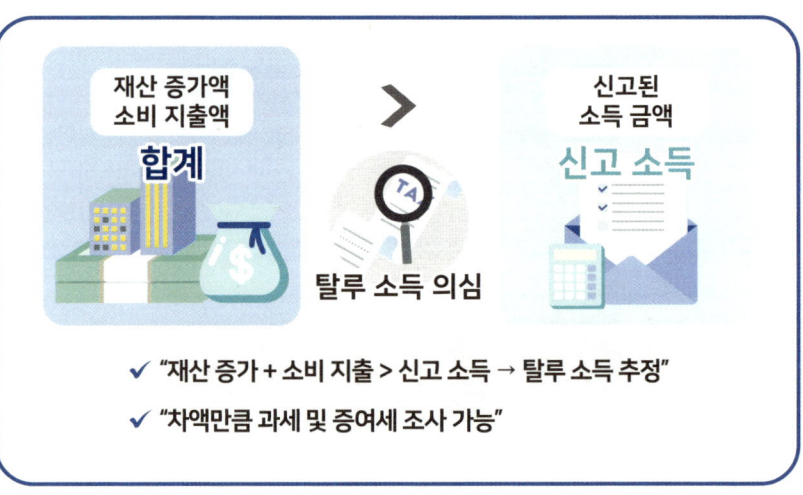

일정 기간 동안 나타난 재산 증가액과 소비 지출액을 합한 뒤, 이를 신고된 소득 금액과 비교하는 것이다. 만약 재산 증가와 소비 내역을 합한 금액이 신고 소득보다 크게 높게 나타난다면, 그 차액은 탈루한 소득으로 의심받게 된다. 예를 들어 부동산이나 주식을 취득했거나 해외 여행, 고액 소비가 있었는데 신고 소득으로는 감당하기 어렵다면, 그만큼을 국세청이 탈루 소득으로 추정할 수 있다는 의미다.

실제로 국세청은 PCI 분석 시스템을 활용하여 병원이나 학원 등 고소득 업종의 세원 관리, 기업주의 법인 자금 사적 사용 여부, 고액 자산 취득 시 자금 출처 확인 등에 폭넓게 활용하고 있다.

한 사례를 보자. 한 병원 운영자가 최근 5년간 신고한 종합 소득 금액은 약 30억 원이었지만, 같은 기간에 소비한 금액만 26억 원에 달했다. 게다가 재산 취득액이 28억 원이라면, 총 54억 원의 지출이 발생한 것이다. 신고 소득 30억 원과 비교하면 24억 원이 부족했으며, 국세청은 이를 탈루 소득으로 추정하여 자금 출처 소명 요청과 과세 조치를 내린다.

이처럼 PCI 분석 결과 탈루 소득이 발견되었는데 자금 출처를 소명하지 못하면 추가적인 소득세와 가산세가 부과될 수 있다. 더 나아가 그 과정에서 자녀에게 증여한 재산이나 부모로부터 신고되지 않은 상속·증여받은 재산이 드러나면 상속·증여세(+가산세)까지 과세될 수 있다.

결국 탈루된 자금이 고액 부동산 매매나 전세 자금으로 흘러들어가 사용된 경우, 이는 곧바로 세무 조사로 이어질 수도 있다는 것이다.

Q10. 고소득 자영사업자에게 적용되는 성실 신고 확인 제도란 무엇인가?

'성실 신고 사업자'라는 표현을 두고, 세금을 성실하게 납부했다는 뜻으로 오해하는 경우가 많다. 그러나 실제 의미는 그와는 완전히 다르다.

개인 사업자가 일정 규모 이상의 수입을 올릴 경우, 단순히 종합 소득세를 신고하는 것만으로는 부족하다. 세무 당국은 세원을 투명하게 관리하기 위해 '성실 신고 확인 제도'를 운영하고 있는데, 이는 일정 매출 이상을 기록한 개인 사업자가 세무 전문가의 확인을 거쳐 신고 내용을 제출하도록 하는 제도이다. (소득세법 시행령 제133조)

[성실 신고 확인 제도 대상자 - 수입 금액 기준]

도소매·농·임·어업·부동산매매
15억 원 이상

제조·숙박·음식점·건설·금융·보험
7.5억 원 이상

부동산임대·교육·보건·예술·기타서비스
5억 원 이상

성실 신고 확인 제도는 2010년부터 도입되었으며, 매출 규모가 큰 사업자에게 적용된다. 예를 들어 도소매·농·임·어업·부동산매매업 등은 연매출 15억 원 이상일 때, 제조업·숙박업·음식점업·건설업·금융·보험업 등은 연매출 7억 5천만 원 이상일 때, 부동산임대업·교육·보건업·예술·기타 서비스업 등은 5억 원 이상일 때 성실 신고 대상자가 된다.

대상자가 되면 반드시 공인 회계사, 세무사, 회계 법인 등 전문가에게 자신의 장부와 신고 내용을 검증받아야 한다. 전문가들은 사업자의 수입과 비용을 꼼꼼히 비교·확인해 탈루 가능성이 없는지 점검하며, 그 결과를 '성실 신고 확인서'에 기재해 세무 당국에 제출한다.

성실 신고 확인을 받은 사업자는 매년 5월에 종합 소득세 신고를 마친 뒤, 6월 말까지 별도로 성실 신고 확인서를 제출해야 한다. 만약 이를 이행하지 않으면 가산세가 부과될 수 있으며, 세무 조사 대상자로 선정될 가능성도 커진다.

이 제도에는 약간의 혜택도 따른다. 성실 신고 확인을 받으면 확인 비용의 60%(최대 120만 원)가 세액 공제로 인정되며, 의료비나 교육비 세액 공제 등도 확대 적용된다. 즉, 일정한 부담이 있지만 약간의 세법상 혜택을 누릴 수 있는 것이다.

법인의 성실 신고 확인제는 '소규모 법인' 또는 '성실 신고 대상 개인 사업자가 법인으로 전환한 후 3년 이내의 법인'에 적용된다. '소규모 법인'의 정의는 다음 세 가지 요건을 모두 충족하는 경우를 말한다.

(1) 부동산 임대업 또는 이자·배당·부동산(권리) 임대 소득 금액의 합계가 매출액의 50% 이상일 것
(2) 상시 근로자 5인 미만일 것
(3) 지배 주주 및 특수 관계인의 지분율이 50%를 초과할 것

이러한 요건에 해당하는 법인은 성실 신고 확인제 대상 법인이며, 법인세 신고 시 '성실 신고 확인서'를 함께 제출해야 한다.

보험과 세금
김려원의 시선

CEO플랜으로 완성하는 기업 절세 전략법!

김려원

- 프라임에셋 지점장
- 변액보험판매관리사
- 펀드투자상담사
- 퇴직연금판매관리사

저자는 보험을 단순한 보장이 아닌, 기업 재무와 세무 리스크를 관리하고 승계 문제를 해결하는 전략적 도구로 바라본다.

프라임에셋 지점장으로 활동하며 다양한 금융 자격을 갖춘 그는 CEO플랜을 통해 퇴직금 제도 정비, 상속세 재원 마련, 가지급금 해소 등 기업의 핵심 과제를 해결해왔다.

그녀는 'CEO플랜은 보험 하나가 아닌 정관·세법·재무 전략이 맞물려야 완성된다'는 신념으로, 기업과 가정을 지키는 든든한 파트너가 되고자 한다.

이 글을 시작하며

CEO플랜, 기업의 미래를 지키는 전략적 선택

CEO의 핵심 고민은 퇴직금·상속세·세무 리스크다. 이를 간과하면 기업 존속과 가정의 생계가 위협받는다. 보험은 단순한 보장을 넘어 재무 관리와 절세, 승계 문제 해결의 도구이며, 그 대표적 전략이 CEO플랜이다.

CEO플랜은 퇴직금 제도 정비, 상속세 재원 마련, 가지급금 해소, 위기 자금 확보를 아우르는 종합 전략이다. 단, 출발점은 정관 정비다. 규정이 없으면 세법상 비용 인정이 불가능해 오히려 세금 리스크가 커진다.

경영인정기보험은 법인이 계약자·수익자가 되고 임원이 피보험자가 되는 구조로, 보험료 전액을 비용 처리할 수 있어 절세 효과가 크다. 그러나 요건을 충족하지 못하면 오히려 부담이 될 수 있어 정밀한 설계가 필수다.

CEO플랜은 보험 하나로 완성되지 않는다. 정관·세법·재무 분석·보험 설계가 함께 작동해야 한다. 이 책은 실제 사례를 통해 기업의 절세·승계·안정 전략을 제시하며, 불확실한 시대에 가장 확실한 대비가 무엇인지 보여준다.

PART 1
CEO 플랜, 실제 상담 사례로 보는 효과

CEO 플랜은 단순히 '보험 하나 더 드는 것'이 아니다. 퇴직금 정비, 상속세 재원 마련, 세무 리스크 해소 등 실제로 회사 운영에 필수적인 역할을 한다. 여기 세 가지 사례는 CEO 플랜이 왜 필요한지, 얼마나 현실적인 도움을 주는지를 잘 보여준다.

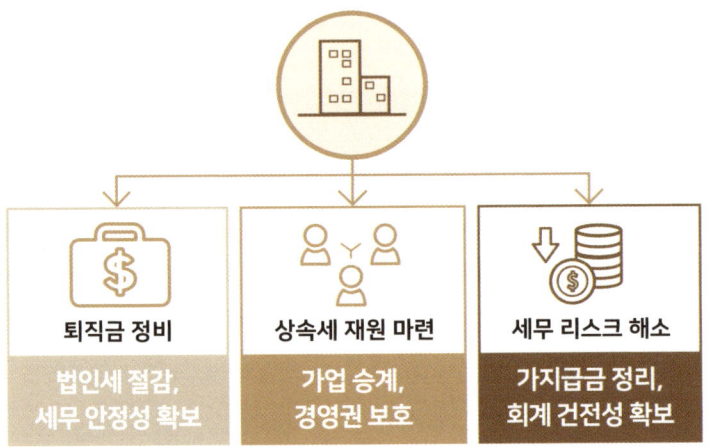

상담 사례 1. 퇴직금 정비로 절세에 성공한 A 기업 CEO

A 기업 대표는 20년 넘게 회사를 운영해 온 중견기업의 CEO였다. 직원들은 안정적으로 회사를 다녔고, 회사 역시 매출이 꾸준히 늘어나면서 겉으로 보기에는 아무 문제가 없어 보였다. 하지만 정작 중요한 임원 퇴직금 규정은 정관에 제대로 명시되어 있지 않았다.

대표는 '퇴직할 때 당연히 퇴직금을 주면 되는 것 아닌가?'라고 단순하게 생각했지만, 세법은 그렇게 간단하지 않았다. 법인세법상 임원 퇴직금이 손비(비용)로 인정되기 위해서는 정관에 퇴직금 지급 규정이 반드시 있어야 한다. 그런데 A 기업은 이를 간과하고 있었던 것이다.

결국 세무조사에서 문제가 지적되었다. 수년간 지급한 임원 퇴직금 중 일부가 비용으로 인정되지 않아, 회사는 수억 원에 달하는 세금을 추가로 납부해야 했다. 그제야 대표는 퇴직금 제도의 허술함이 회사 재정에 얼마나 큰 부담을 줄 수 있는지 깨달았다.

이후 전문가의 조언을 받아 CEO 플랜을 도입했다. 정관을 개정해 임원 퇴직금 규정을 명확히 하고, 퇴직급여충당금을 적립할 수 있도록 제도를 정비했다. 아울러 변액연금보험을 활용해 임원 퇴직금 재원을 꾸준히 쌓아나가도록 설계했다.

그 결과 매년 수천만 원의 법인세를 절감할 수 있었고, 임원들에게 퇴직금을 지급할 때도 세무상 문제가 발생하지 않게 되었다. A 기업 CEO는 "보험은 단순히 보장을 위해서만 가입하는 게 아니구나. 세법에 맞게 제도를 정비하니 회사가 훨씬 안정적이 됐다"라고 소감을 전했다.

상담 사례 2. 상속세 재원 마련으로 위기를 피한 B 기업 CEO

B 기업은 오너 중심으로 운영되는 가족기업이었다. 대표는 사업 확장에만 몰두했고, 정작 본인의 건강 문제나 갑작스러운 유고에 대한 대비는 소홀했다. '아직은 젊으니까 괜찮겠지'라는 생각이 지배적이었다.

하지만 인생은 언제나 변수를 안고 온다. 대표가 50대 후반, 예기치 못한 병으로 세상을 떠난 것이다. 문제는 상속세였다. 회사는 비상장주식으로 평가가 이루어졌는데, 세무 당국은 높은 가치를 기준으로 상속세를 책정했다. 갑작스러운 거액의 세금이 발생했고, 가족들은 큰 혼란에 빠졌다.

다행히 대표는 생전에 전문가의 권유로 CEO 플랜 일부를 준비해 두었다. 종신보험을 통해 일정 규모의 사망보험금을 확보해 둔 것이다. 그 보험금이 바로 상속세 재원으로 쓰이면서 가족은 급한 불을 끌 수 있었다.

만약 이 준비가 없었다면 가족은 상속세를 내기 위해 회사 지분을 급히 매각해야 했을지도 모른다. 이는 곧 경영권 상실로 이어질 위험이 있었다. 실제로 많은 중소기업들이 이런 이유로 가업 승계에 실패한다.

B 기업 CEO의 사례는 CEO 플랜의 또 다른 중요한 기능을 보여준다. CEO 유고 시 퇴직금과 보험금을 활용해 상속세 납부 재원을 마련하는 것, 이것이야말로 회사를 지키고 가족을 지키는 현실적인 방법이다.

[상속세 재원 준비 여부에 따른 차이]

구분	상속세 재원 미준비	상속세 재원 준비(CEO 플랜 활용)
상속세 납부	급한 돈 마련 못해 지분 매각 위험	종신보험금으로 즉시 납부 가능
결과	경영권 상실 가능성 큼	가족·경영권 안정적 유지

상담 사례 3. 가지급금 문제를 해결한 C 기업

C 기업은 30년 이상 된 제조업체였다. 회사는 안정적으로 운영되고 있었지만, 회계장부에는 오랫동안 쌓인 가지급금 문제가 있었다. 가지급금은 대표이사가 회사 자금을 인출했지만, 아직 정산하지 못한 금액을 말한다. 이는 세무상 리스크가 크다. 가지급금이 많으면 세무조사 대상이 될 가능성이 높아지고, 법인세 추징 위험도 커진다.

C 기업 대표 역시 이 문제를 알고 있었지만, '언젠가 정리하겠지'라는 마음으로 미뤄왔다. 그러나 해마다 불어나는 가지급금 규모는 점점 회계상 큰 부담이 되었다.

이때 도입한 것이 CEO 플랜이었다. 변액유니버셜보험을 활용해 회사 명의로 꾸준히 자금을 적립했고, 일정 시점에 도래한 해지환급금을 통해 가지급금을 정리했다. 결과적으로 세무 리스크를 해소하면서도, 자산을 효율적으로 운용할 수 있었다.

C 기업 대표는 "보험이 단순히 보장 기능만 있는 줄 알았는데, 자금 운용과 세무 정리에도 이렇게 도움이 될 줄 몰랐다"며 만족해했다.

[CEO 플랜, 실제 효과 사례]

사례	문제 상황	CEO 플랜 활용	효과
A 기업	정관 미비로 임원 퇴직금 손비 불인정	정관 개정 + 변액연금보험	매년 수천만 원 절세, 세무 안정
B 기업	대표 유고로 상속세 폭탄	종신보험으로 상속세 재원 마련	가족·회사 경영권 지킴
C 기업	장기간 누적된 가지급금	변액유니버셜보험 적립금 활용	가지급금 정리, 세무 리스크 해소

PART 2
CEO 플랜, 왜 필요한가

　회사를 운영하다 보면 늘 고민되는 문제 중 하나가 바로 임원 퇴직금 준비이다. 특히 회사의 규모가 커지고 임원 근속 기간이 길어질수록 퇴직금은 수억 원 단위까지 불어나게 된다. 문제는 퇴직 시점에 회계상 퇴직금은 비용으로 처리되지만, 실제 지급할 자금이 회사에 충분히 준비되어 있지 않다면 유동성 위기에 빠질 수 있다는 점이다.

[CEO 플랜의 5가지 핵심 효과]

　이러한 문제를 해결하는 효과적인 방법이 바로 CEO 플랜이다. CEO 플랜은 법인이 가입자이자 수익자가 되는 경영인정기보험을 활용하여, 퇴직금을 안정적으로 마련하고 동시에 법인세 절감 효과까지 누릴 수 있는 제도이다.

[CEO 플랜 도입 전·후 변화]

구분	도입 전 (미준비)	도입 후 (CEO 플랜)
퇴직금 지급	갑작스러운 거액 부담 → 유동성 위기	보험금 활용 → 안정적 지급
세금	법인세·상속세 부담 과중	합법적 절세 효과
경영 리스크	대표 유고 시 혼란	위기관리 자금 확보
자산 이전	불투명·불안정	합법적·투명 이전

1. 법인세 절감 효과

  CEO 플랜의 가장 큰 장점은 세금 절감 효과이다. 법인이 경영인정기보험에 가입하여 납입하는 보험료는 전액 비용(손비)으로 인정된다.

  즉, 매달 납입하는 보험료가 회사의 비용으로 처리되면서 법인세 과세소득이 줄어들게 되고, 그 결과 법인세 부담을 합법적으로 줄일 수 있는 것이다. 퇴직금을 마련하는 동시에 절세 효과까지 누릴 수 있다는 점에서 CEO 플랜은 기업에게 매우 합리적인 선택이다.

2. 퇴직금 재원 안정적 마련

  임원 퇴직 시 회사가 갑작스럽게 거액의 현금을 지급해야 한다면, 그 부담은 회사 재무에 큰 타격이 될 수 있다. 특히 중소·중견기업은 예기치 못한 큰 지출이 경영 활동 전반에 악영향을 미치기도 한다.

  CEO 플랜을 통해 회사는 미리 퇴직금을 체계적으로 적립해둘 수 있다. 퇴직 시점이 도래했을 때 보험금으로 퇴직금을 지급할 수 있어,

자금 유동성 위기를 예방할 수 있는 것이다. 이는 곧 회사의 재무 안정성을 높여 장기적 경영에도 긍정적인 영향을 미친다.

3. 경영 리스크 관리

회사의 가장 큰 자산은 사람, 그중에서도 CEO와 핵심 임원이다. 만약 대표이사나 임원이 갑작스럽게 사고나 질병으로 사망한다면 기업은 큰 혼란에 빠질 수 있다.

이때 경영인정기보험의 사망보험금은 단순히 유가족 보상 차원을 넘어, 회사 운영을 이어가기 위한 위기관리 자금으로도 활용될 수 있다. 새로운 경영진을 세우고 사업을 정상화하는 데 필요한 자금을 확보함으로써 회사의 생존 가능성을 높이는 역할을 하는 것이다.

4. 상속세·증여세 절감 효과

대표이사 퇴직 시 지급되는 퇴직금은 회사의 비용 처리로 인해 기업 순이익이 줄어들고, 이는 자연스럽게 주식 가치 하락으로 이어진다. 주식 가치는 상속세와 증여세 산정 기준이 되므로, 퇴직금 지급은 결과적으로 상속·증여 시 세금 부담을 줄이는 효과를 가진다.

즉, 퇴직금 제도를 제대로 설계하는 것만으로도 상속·증여세 절세 효과까지 동시에 얻을 수 있는 것이다.

5. 합법적인 자산 이전

CEO 플랜은 단순히 퇴직금을 준비하는 수단이 아니다. 퇴직 시점에 회사가 보유한 보험금을 퇴직금 명목으로 지급하면, 이는 법적으로 완전하게 인정되는 자산 이전 방식이다.

즉, 회사 자산을 대표 개인에게 합법적이고 투명하게 이전할 수 있는 구조를 만들 수 있는 것이다. 퇴직 이후에도 안정적으로 자산을 관리할 수 있다는 점에서 CEO와 가족 모두에게 든든한 재정 안전망이 된다.

CEO 플랜은 경영인정기보험을 활용하여 기업의 리스크를 관리하고, 퇴직금을 안정적으로 마련하며, 동시에 법인세 절감과 상속세 절세 효과까지 기대할 수 있는 전략적인 제도이다.

특히 기업 입장에서는 불확실한 미래에 대비한 재무 안정성을 확보할 수 있고, 대표이사 개인 입장에서는 퇴직 후 자산을 안전하게 이어받을 수 있다는 점에서 큰 장점을 가진다.

[CEO 플랜, 기업과 CEO 모두의 이익]

즉, CEO 플랜은 단순히 보험 가입을 넘어, 기업 경영 안정성과 대표 개인의 자산 설계까지 책임지는 종합 재무 전략이라고 할 수 있다.

PART 3
CEO플랜, 정관 정비 없이는 완성될 수 없다

CEO플랜은 임원 퇴직금과 법인 보험을 결합하여 기업의 세무 효율성과 재무 안정성을 동시에 달성할 수 있는 전략적 제도이다. 그러나 많은 기업들이 이 제도를 단순히 보험 가입만으로 완성된다고 오해하는 경우가 많다. 실제로는 CEO플랜의 성패를 좌우하는 핵심 요소가 바로 정관 정비이다.

보험에 가입해 퇴직금 재원을 마련하는 것만으로는 충분하지 않다. 법인 정관에 퇴직금, 상여금, 유족 보상금 등의 근거가 명확히 마련되어 있지 않다면, 세법상 손금 인정이 어려워지고, 세무 조사 시 불이익을 받을 수 있다. 따라서 CEO플랜을 도입하려는 기업은 반드시 정관을 점검하고 필요 시 보완해야 한다.

왜 정관 정비가 중요한가?
① 법적 근거의 마련
임원 퇴직금, 상여금, 유족 보상금 등은 회사가 임의로 지급할 수 있는 성격의 비용이 아니다. 세법과 상법은 임원 보상에 대해 반드시 정관이나 별도의 규정에 근거가 있어야 손금으로 인정한다.

만약 정관에 명시하지 않고 퇴직금을 지급한다면, 이는 비용으로 인정되지 않거나 부당 행위로 간주될 수 있다. 그 결과 회사는 법인세를 추가 납부해야 하거나, 심지어 가산세까지 부담하게 될 수 있다. 즉,

정관은 단순한 내부 문서가 아니라 CEO플랜을 합법적으로 운영할 수 있는 법적 장치이다.

② 세무 리스크 예방

정관 정비가 미흡하면 세무 조사 시 치명적인 리스크로 이어질 수 있다. 예컨대 정관에 임원 퇴직금 산정 기준이 불명확하거나, 실제 지급액이 정관 기준을 초과하면 문제가 발생한다.

세무 당국은 정관상의 기준을 초과한 부분을 채무 면제 이익으로 보아 과세 대상으로 삼는다. 이 경우 회사는 손금 산입이 부인되어 법인세와 지방세를 추가로 납부해야 하고, 경우에 따라 수억 원 규모의 세금 폭탄을 맞을 수 있다. 따라서 CEO플랜은 보험 가입 이전에 반드시 정관을 통해 세무상 리스크를 예방하는 장치를 마련해야 한다.

③ 기업 운영의 투명성과 안정성 확보

임원 보상은 단순히 금전 지급에 그치지 않고, 기업 지배구조와 직결되는 중요한 사안이다. 퇴직금, 상여금, 스톡옵션 등 보상 체계는 정관에 구체적으로 명시되어야 하며, 변경할 경우 이사회와 주주총회의 결의를 거쳐야 한다.

정관에 근거한 보상 체계는 기업 운영의 투명성을 높이고, 불필요한 분쟁을 예방하는 역할을 한다. 이는 투자자 신뢰 확보와 기업 이미지 제고에도 기여한다. 따라서 정관 정비는 CEO플랜의 성공적인 운영뿐 아니라 지속 가능한 기업 경영을 위한 필수 절차이다.

[정관 정비가 중요한 이유]

법적 근거의 마련
정관 근거 없으면
손금 불인정,
가산세 위험

세무 리스크 예방
기준 불명확·
초과 지급 시
세금 폭탄

경영 투명성·안정성
주주·이사회 결의
통한 신뢰 확보,
분쟁 예방

실무 적용 시 정관 정비 포인트

[정관 정비 포인트 4가지]

- ☑ **임원 퇴직금 지급 규정** - 퇴직금·상여금·유족 보상금 항목과 산정 방식 명시
- ☑ **정관 변경 절차** - 이사회·주주총회 결의 및 등기 절차 준수
- ☑ **법 개정 반영** - 상법·세법 변경 시 주기적 반영
- ☑ **기업 특성 반영** - 업종·규모·성장 단계별 맞춤형 조항 마련

CEO플랜을 도입하려는 기업이 반드시 점검해야 할 정관 정비 포인트는 다음과 같다.

1. 임원 퇴직금 지급 규정 신설 또는 보완
- 임원 퇴직금, 상여금, 유족 보상금 등 항목에 대한 구체적인 규정과 산정 방식을 정관에 명시해야 한다.
- 예를 들어, '퇴직금은 근속 연수와 직위에 따라 지급하며, 구체적인 산정 방식은 별도의 규정에 따른다'는 식의 조항을 삽입해야 한다.

2. 정관 변경 및 등기 절차 준수
- 정관을 변경할 경우 반드시 이사회와 주주총회 결의를 거쳐야 하며, 필요 시 등기 절차까지 마쳐야 한다.
- 절차를 무시한 변경은 법적 효력이 없으므로 반드시 합법적 절차를 따르는 것이 중요하다.

3. 상법 및 세법 변경 사항 반영
- 상법이나 세법은 수시로 개정되므로, 정관 역시 이를 주기적으로 반영해야 한다.
- 예컨대 가업 승계 요건 변경, 스톡옵션 제도 도입, 퇴직금 한도 조정 등 기업 경영 환경에 맞춰 정관을 정비해야 한다.

4. 기업 특성 반영
- 업종 특성, 기업 규모, 성장 단계에 따라 보상 규정은 달라져야 한다.
- 일률적인 규정이 아니라 회사의 상황에 맞는 맞춤형 정관 조항을 마련해야 한다.

CEO플랜은 보험 가입만으로 완성되는 제도가 아니다. 반드시 정관의 확인과 정비라는 절차가 수반되어야 한다. 정관에 퇴직금과 관련한 명확한 규정이 있어야만 세법상 손금 인정이 가능하고, 세무 조사 리스크를 예방할 수 있다. 또한 정관을 통해 임원 보상 체계를 투명하게 운영함으로써 기업 신뢰도를 높이고, 장기적인 경영 안정성을 확보할 수 있다.

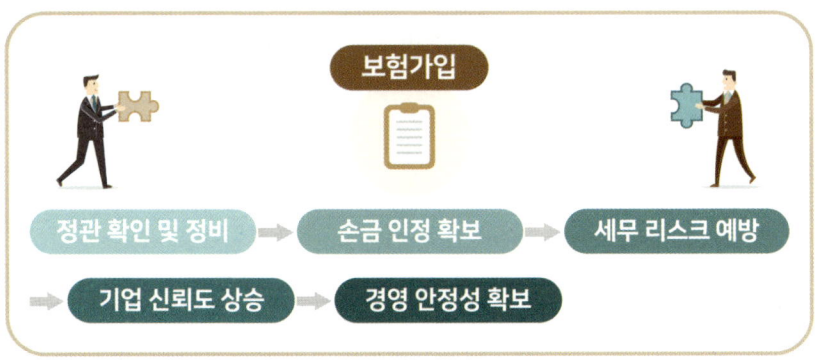

PART 4
경영인정기보험과 법인세 절세 구조

　기업을 운영하는 과정에서 임원의 건강 리스크와 법인세 부담은 늘 중요한 관리 요소이다. 특히 대표이사나 등기 임원은 회사의 핵심 인적 자산으로, 이들의 부재는 곧 회사의 운영과 존속에 중대한 영향을 미친다. 동시에 법인의 이익이 커질수록 법인세 부담 역시 늘어나기 때문에, 기업 입장에서는 절세 방안을 모색하지 않을 수 없다. 이러한 두 가지 문제를 동시에 해결할 수 있는 수단으로 주목받는 것이 바로 경영인정기보험(CEO 정기보험)이다.

판례와 경영인정기보험 절세 적용 사례

실제 조세 판례에서도 경영인정기보험의 손비 인정 범위는 여러 차례 다루어졌다. 법원은 보험료 전액을 무조건 손비로 인정하지 않고, 상품 구조와 계약 요건을 꼼꼼히 따진다. 특히 해약 환급금이 존재하는 상품의 경우, 납입 보험료 중 일부만 비용으로 인정하고 나머지는 자산으로 계상하도록 판단하기도 했다.

따라서 기업이 경영인정기보험을 활용할 때는 단순히 보험사의 설명만 믿기보다, 세무 전문가의 자문을 거쳐 구조적 요건을 충족하는지 확인해야 한다. 그렇지 않으면 절세 효과를 기대하기는커녕, 오히려 세무 조사 대상이 되어 과세 부담이 더 커질 수 있다.

경영인정기보험이란 무엇인가

[경영인정기보험의 구조]

경영인정기보험은 말 그대로 법인이 계약자이자 수익자가 되고, 임원(대표이사 등)을 피보험자로 설정하는 보장성 보험이다. 법인이 보험료를 납입하고, 만약 피보험자인 임원이 사망할 경우 보험금은 법인에 지급된다.

이 보험은 저축이나 적립 기능이 없는 순수 보장성 정기보험 구조를 갖추고 있어야 한다. 즉, 만기 환급금이나 해지 환급금이 없거나 극히 낮은 구조여야 하며, 그렇기 때문에 납입 보험료 전액을 비용으로 처리할 수 있다. 이를 통해 법인은 실제로 보험료만큼의 법인세 절감 효과를 누릴 수 있다.

납입 보험료의 비용 처리 구조

경영인정기보험의 가장 큰 장점은 납입 보험료의 손비 처리 가능 여부이다. 법인세법상 손비란 기업의 수익 창출 활동에 필요한 비용을 의미한다. 경영인정기보험은 임원의 사망이라는 기업 리스크에 대비하는 보장성 성격을 갖고 있기 때문에, 그 보험료를 손비로 인정받을 수 있다.

예를 들어 연간 1억 원의 보험료를 납입한다고 가정할 때, 해당 보험료 전액이 손비로 처리된다면 법인의 과세 소득이 1억 원 줄어든다.

그러나 모든 경영인정기보험이 손비 인정되는 것은 아니다. 반드시 충족해야 하는 요건이 있다.

1. **보험 계약자와 수익자가 모두 법인일 것**
- 계약자나 수익자가 개인으로 설정되면 법인 비용으로 인정되지 않는다.

2. **피보험자가 등기 임원일 것**
- 대표이사, 사내이사 등 회사의 핵심 임원이 대상이 되어야 한다. 일반 직원은 해당되지 않는다.

3. **순수 보장성 상품일 것**

- 만기 환급금·해지 환급금이 없거나 극히 낮아야 한다.
- 저축성 상품이나 고액 환급 구조가 포함된 상품은 일부만 비용 인정되거나, 세무상 부인될 수 있다.

이 세 가지 요건을 충족해야만 납입 보험료 전액을 법인세법상 손비로 처리할 수 있다.

[손비 인정 3대 요건]

요건	내용
① 보험 계약자·수익자	모두 법인일 것
② 피보험자	대표이사·등기 임원일 것
③ 순수 보장성 상품	만기·해지 환급금 없음 (또는 극히 낮음)

핵심 브리핑
개인사업자, 언제 법인으로 전환해야 할까?

구분	개인 사업자	법인 사업자
설립절차 및 비용	설립절차가 쉽고 비용이 적게 들어 사업규모 또는 자본이 적은 사업에 적합	법원에 설립등기 절차가 필요하며, 자본금과 설립 비용이 발생
사업의 책임성 /신뢰도	경영 과정에서 발생하는 모든 문제와 손실에 대한 위험을 사업주 단독으로 책임부담	주주는 출자나 지분 한도 내에서만 책임을 지며 개인 사업자에 비해 대외 신뢰도가 높음
계속성	대표자 변경 시에는 폐업 후 새로운 사업자 등록	대표자가 변경 되어도 법인은 계속 유지 가능
자금조달 및 이익분배	자본조달에 한계성이 있으며 사업에서 발생한 이익을 사용하는데 제약이 없음	주주를 통해 자금 조달을 하며, 배당을 통해 이익을 분배함

주체별 세율

	과세표준	세율
개인	1400만 원 이하	6%
	1400만 원 ~5000만 원	15%
	5000만 원 ~8800만 원	24%
	8800만 원 ~1억 5천만 원	35%
	1억 5천만 원 ~3억 원	38%
	3억 원~5억 원	40%
	5억 원~10억 원	42%
	10억 원 초과	45%
법인	2억 원 이하	9%
	2억 원~200억 원	19%
	200억 원~3000억 원	21%
	3000억 원 초과	24%

성실신고확인대상 여부

개인사업자 성실신고확인대상이 확인되었습니다!
일정한 수입을 올리는 사업자가 세금 신고를 하기 전에 세무대리인에게 신고 내용을 확인받도록 한 제도
(2018.2.13 이후부터는 법인전환 후 3년 이내 법인도 성실신고 확인 대상)

과세기간	도소매업 외 1)	제조업 외 2)	부동산임대업 외 3)
2011~2013년	30억 원 이상	15억 원 이상	7.5억 원 이상
2014~2017년	20억 원 이상	10억 원 이상	5억 원 이상
2018년 이후	15억 원 이상	7.5억 원 이상	5억 원 이상

1) 농림어업, 광업, 도소매업, 부동산매매업
2) 제조업, 숙박 및 음식점업, 전기가스수도업, 하수폐기물처리업, 건설업, 운수업, 출판방송통신업, 금융보험업
3) 부동산임대업, 과학및기술서비스업, 사업지원서비스업, 교육서비스업, 보건및사회복지서비스업, 예술스포츠여가서비스업, 기타개인서비스업

성신고확인대상 또는 최고세율 소득세 납부 시 법인전환 고려

어느 학원 원장은 매출이 늘어나면서 세금 부담이 커져 법인 전환을 고민했다. 하지만 세무사가 보니 개인사업자로도 절세 여지가 남아 있었고, 결국 세금을 1/3 줄인 뒤 2년 뒤에 안정적으로 법인 전환을 했다. 반면 한 제조업 대표는 절세 방법이 거의 없어 즉시 법인으로 전환했다. 그는 가족을 임원으로 등록해 소득을 분산하고 배당 대신 급여 형태로 자금을 인출해 세금을 줄였다. 그 결과 매출 성장과 함께 세금 부담도 안정적으로 관리할 수 있었다.

처음엔 누구나 개인사업자로 시작한다

창업 초기는 대부분 개인사업자로 출발한다. 설립 절차가 간단하고 자본금이 필요 없으며, 세무 신고도 단순하기 때문이다. 하지만 사업이 성장하고 매출이 늘면 어느 순간부터 소득세 부담이 커진다. 매출이 늘어 즐겁기도 하지만 세금 폭탄이 뒤따르며, 이때부터 법인 전환을 고민하게 된다.

법인 전환을 고민해야 할 때

그럼 도대체 언제 전환하는 게 좋을까? 정답은 없지만, 다음 상황이라면 법인을 고려할 만하다.

● **세금이 부담될 때**
연 순이익이 5천만 원 이상이거나 과세표준이 7천만 원을 넘으면 개인사업자의 소득세율은 최대 45%까지 오른다. 반면 법인세율은 9~24% 수준이라 차이가 크다.

● **사업 확장 단계일 때**
매출이 연 1억 원 이상 나오거나 창업 3~4년이 지나 투자를 받고 싶거나 대출을 크게 받아야 할 때, 법인이 개인보다 훨씬 신뢰도가 높다.

● **위험이 커질 때**
개인사업자는 모든 채무를 대표자가 무한 책임지지만, 법인은 출자한 자본금까지만 책임진다. 위험 업종이라면 법인 전환이 안전하다.

법인으로 바꾸면 좋은 점

첫째, 법인은 소득세율보다 낮은 법인세율을 적용받아 이익이 많아질수록 절세 효과가 크다. 또한 인정되는 경비 범위가 넓어 비용 처리에 유리하다.

둘째, 법인은 대표자가 무한 책임을 지지 않아 개인 재산을 보호할 수 있다.

셋째, 대출이나 투자에서 법인이 개인사업자보다 신용도가 높다.

넷째, 가족을 임원으로 등록해 합리적인 급여를 지급하면 소득을 분산해 종합소득세 부담을 줄일 수 있다.

법인 전환, 무조건 득은 아니다

하지만 법인이라고 해서 항상 유리한 것은 아니다. 몇 가지 함정을 조심해야 한다.

● **법인 돈은 내 돈이 아니다**

개인사업자는 번 돈을 바로 쓸 수 있지만, 법인은 급여나 배당을 통해서만 자금을 인출할 수 있고 이 과정에서 추가 세금이 발생한다.

● **과세이연 리스크**

자산을 법인으로 넘길 때 세금이 유예될 수 있으나 나중에 한꺼번에 큰 세금이 부과될 수 있다.

● **세무 관리 복잡성**

법인은 복식부기를 해야 하고 성실신고확인제 등 규제가 있어 세무사 도움 없이는 관리가 어렵다.

법인 전환의 조건과 절차

법인 전환은 단순히 개인사업자 등록증을 바꾸는 게 아니라 새로 법인을 설립하고 기존 사업을 넘기는 과정이다.

조건
- 안정적으로 매출과 이익이 발생할 것
- 실제 사업장과 거래처가 있을 것
- 부가세 신고 실적이 있을 것
- 자산·부채·권리를 법인에 승계할 수 있을 것

절차
- 정관과 주주명부 작성, 자본금 준비 → 법원 등기소에서 설립 등기 → 국세청에 법인 사업자등록 → 자산과 계약 이전 → 회계·세무 시스템 정비
- 이 과정은 보통 3개월 정도 걸린다.

개인사업자에서 법인으로 전환하는 건 단순한 세율 문제가 아니다. '지금 내 사업이 법인으로 가야 하는지', '법인 돈을 어떻게 인출할지'까지 고려해야 한다.

● 아직 절세 여지가 있다면 성급히 전환하지 말 것
● 전환한다면 자금 인출 계획까지 세울 것
● 혼자 판단하기 어렵다면 전문가에게 상담받을 것

법인 전환은 사업을 한 단계 업그레이드하는 중요한 과정이다. 잘 준비하면 절세, 신용도, 책임 구조, 자금 조달에서 분명한 이점이 있지만, 전략 없이 덜컥 전환하면 오히려 세금 부담이 늘 수 있다. 결국 핵심은 타이밍과 계획이다.

핵심 브리핑
경영인정기보험, 손비 인정은 어떻게 될까?

납입보험료에 대한 손비 인정에 관한 내용

세법이 요구하는 요건을 충족 시 납입 기간 동안 납입 보험료의 전부 또는 일부에 대해서 손비 인정을 받을 수 있다.

법인 계약 혹은 계약자를 법인으로 전환한 계약에 한하여 세법이 요구하는 요건을 충족하는 경우, 보험료 납입 기간 동안 납입 보험료의 전부 또는 일부에 대하여 손비 인정을 받을 수 있다. 단, 손금 산입의 시기와 범위는 각 회사의 사정을 고려하여 고객이 담당 세무사와 상의하여 결정하여야 하며, 그 책임은 고객에게 귀속된다.

1. 계약자인 법인이 사망 보험금 또는 해지 환급금을 수령하는 경우에는 관련 세법에 의거하여 세금이 부과될 수 있다.
2. 손비 처리와 관련된 내용은 법인세법을 적용하며, 상품과 관련된 내용 이외 세법 적용과 관련된 내용은 향후 세법 개정, 과세 관청의 해석 등에 따라 달라질 수 있으므로, 회계 및 세무 처리 방법은 전문가와의 상담 하에 진행해야 한다.

국세청 (2013.10) — 해약환급금 상당액은 자산으로 계상하고, 기타의 부분은 손금에 산입하도록 해석

기재부 (2013.10)
국세청 (2018.7) — 법인이 퇴직 기한이 정해지지 않아 퇴직 시점을 예상할 수 없는 임원(대표이사 포함)을 피보험자로, 법인을 계약자와 수익자로 하는 보장성 보험에 가입하여 사전에 해지 환급금을 산정할 수 없는 경우, 법인이 납입한 보험료 중 만기 환급금에 상당하는 보험료 상당액은 자산으로 계상하고, 기타의 부분은 이를 보험 기간의 경과에 따라 손금에 산입하는 것임

법인 CEO의 3대 리스크

실제 손비 인정의 사례

예를 들어, 어떤 법인이 대표이사 사망 시 회사가 보험금을 받도록 계약한 경우를 보자. 회사는 매년 1억 원의 보험료를 납부한다. 만약 이 보험료가 손비로 인정된다면, 과세표준에서 1억 원을 빼고 세금을 계산할 수 있다. 결과적으로 법인세 절감 효과가 생긴다.

반대로 보험 수익자를 대표이사의 가족으로 설정했다면, 회사가 낸 보험료는 사실상 대표이사 개인을 위한 지출로 본다. 따라서 손비로 인정되지 않고, 법인세 절감 효과도 없다. 오히려 세무조사 시 비용 부인으로 문제가 될 수 있다.

손비 인정이란 무엇일까?

기업이 보험료를 납부하면 그 비용을 법인세 계산 시 비용(손비)으로 인정받을 수 있느냐가 중요하다. 쉽게 말하면,

- **손비 인정이 되면:** 보험료가 경비로 처리되어 과세표준(세금을 매기는 기준 금액)이 줄어든다.
- **손비 인정이 안 되면:** 보험료는 회사의 비용으로 처리되지 못하고, 세금 절감 효과도 없다.

따라서 기업 입장에서는 '이 보험료가 손비로 인정되는지 여부'가 보험 가입만큼이나 중요한 문제다.

납입보험료 손비 인정 기준

경영인정기보험은 모든 경우에 손비 인정이 되는 것은 아니다. 세법에서 정한 기준에 맞아야만 한다. 크게 다음과 같은 원칙이 있다.

● **보험 수익자가 회사일 때**

대표이사나 임원의 사망·질병·사고 시 보험금을 회사가 받는 구조라면, 납입보험료는 회사의 위험 대비 비용으로 보아 손비로 인정된다. 즉, 회사의 영업활동에 필요한 지출로 인정하는 것이다.

● 보험 수익자가 개인일 때

보험금을 임원 개인이나 그 가족이 받는 구조라면, 이 경우는 법인의 비용이 아니라 개인에게 이익을 주는 것이므로 손비로 인정되지 않는다.

즉, 보험 설계에서 수익자를 누구로 설정하느냐가 경비 인정의 핵심 포인트다.

세법에서 보는 경영인정기보험

세법은 경영인정기보험의 손비 인정 여부를 '누가 보험금을 받는가'에 따라 나눈다.

● 법인이 보험금을 받는다 → 손비 인정
● 개인이 보험금을 받는다 → 손비 불인정

또한, 일정 조건에서는 법인세 절감을 목적으로 한 과도한 보험료 지출을 제한하기도 한다. 따라서 무조건 많이 가입한다고 좋은 것이 아니라, 회사 상황에 맞는 합리적인 범위 내에서 가입해야 한다.

경영인정기보험은 단순한 보험이 아니다. 회사의 지속 가능성과 대표의 리스크 관리, 나아가 법인의 절세 전략까지 연결되는 중요한 도구다. 다만, 무조건 세금을 줄여주는 만능 수단은 아니다. 보험 수익자가 누구인지, 회사의 재무 상태와 목적에 맞는 설계인지에 따라 손비 인정 여부가 달라진다.

따라서 법인 대표라면 경영인정기보험을 단순히 '보험 하나 더 드는 것'으로 보지 말고, 리스크 관리 + 절세 전략이라는 큰 그림 속에서 바라봐야 한다. 그리고 반드시 세무사나 전문가와 상담해 맞춤형 플랜을 세워야 한다. 그래야만 불필요한 세금 폭탄을 피하고, 진짜로 회사를 지켜주는 보험으로 활용할 수 있다.

핵심 브리핑
법인컨설팅, 기업의 성장 단계별 반드시 준비해야 할 생존 전략

법인컨설팅 로드뷰

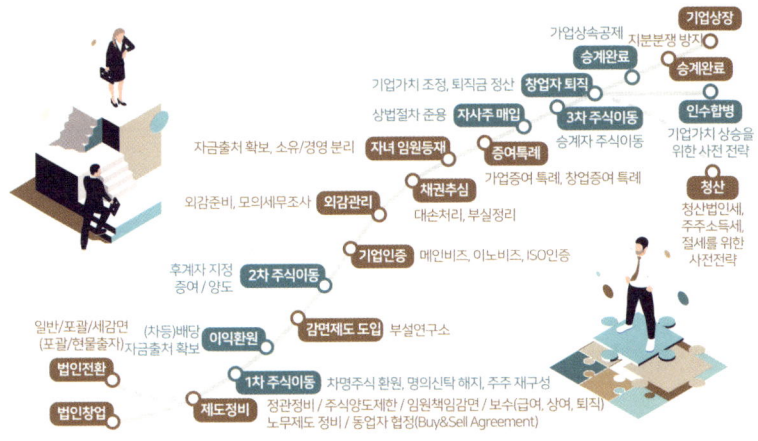

법인회사 재무비율

지표	항목	산출방식	절대지표	
			양호	열위
유동성 (높을수록 양호)	유동비율	유동자산 / 유동부채	150.00	100.00
	당좌비율	당좌자산 / 유동부채	100.00	50.00
	비유동비율	비유동자산 / 자기자본	100.00	150.00
안정성 (낮을수록 양호)	부채비율	부채 / 자기자본	200.00	400.00
	유동부채비율	유동부채 / 유동자산	100.00	200.00
	비유동부채비율	비유동부채 / 비유동자산	100.00	200.00
	차입금의존도	차입금 / 총자산	30.00	60.00
	매출채권대매입채무비율	매출채권 / 매입채무	300.00	600.00
수익성 (높을수록 양호)	자기자본순이익률(ROE)	순이익 / 자기자본	높을수록 (높아질수록) 양호	
	총자산순이익률(ROA)	순이익 / 총자산	높을수록 (높아질수록) 양호	
	영업이익률	영업이익 / 매출액	높을수록 (높아질수록) 양호	
	법인세차감전순이익률	세전순이익 / 매출액	높을수록 (높아질수록) 양호	
활동성 (높을수록 양호)	이자보상배수(배)	영업이익 / 이자비용	2.00	1.00
	총자본회전율(회)	매출액 / 총자산	1.50	1.00
	자기자본회전율(회)	매출액 / 자기자본	3.00	2.00
	유형자산회전율(회)	매출액 / 유형자산	6.00	2.00
	재고자산회전율(회)	매출액 / 재고자산	6.00	4.00
	매출채권회전율(회)	매출액 / 매출채권	8.00	4.00
	매입채무회전율(회)	매출액 / 매입채무	300.00	6.00

기업을 운영한다는 것은 단순히 사업 아이템을 시장에 내놓는 것만으로 끝나지 않는다. 시장의 변화, 세법과 제도의 변화, 그리고 내부적으로 발생하는 재무적 리스크까지 고려해야 하는 일이 끝없이 이어진다. 실제로 국내 기업의 생존율을 살펴보면, 창업 후 1년 이내에 약 30%가 폐업하고, 5년을 기준으로 하면 70%의 기업이 문을 닫는다. 이는 곧 10개의 기업 중 7개가 5년을 넘기지 못한다는 의미다. 이렇게 치열한 현실 속에서 법인컨설팅은 단순한 선택이 아니라 기업 생존을 위한 필수적인 준비라 할 수 있다.

1. 창업 초기: 법인의 기초를 단단히 다져야 한다

창업 초기 단계에서 많은 대표들이 놓치는 부분이 바로 법인 설립 구조의 설계다. 단순히 자본금을 넣고 사업자등록을 하는 것만으로 법인이 완성되는 것이 아니다. 이 단계에서 정관의 내용, 주주의 지분율, 향후 투자유치 가능성을 고려한 구조 설계가 중요하다.

특히 1차, 2차 주주 구성을 어떻게 하느냐에 따라 추후 발생할 수 있는 세금 문제와 지분 분쟁 가능성이 달라진다. 또한 초기 단계에서 가수금이나 가지급금 관리가 허술하다면, 추후 큰 세무 리스크로 돌아올 수 있다. 따라서 컨설팅을 통해 자본금의 조달 방식, 초기 회계 시스템 구축, 기본적인 세무·재무 관리체계를 갖추는 것이 중요하다.

2. 성장기: 투자와 인력 확충, 체계적인 지배구조 필요

성장기에는 기업이 외부 투자를 유치하고 인력을 확충하는 단계로 진입한다. 이 시기에는 단순 회계 처리를 넘어, 지분 관리, 임원 보수 체계, 연구소 설립 등 복합적인 전략이 요구된다.

예를 들어, 기업부설연구소는 연구개발비용에 대한 세제 혜택과 정부 정책자금 지원의 기반이 된다. 임원의 보수 체계도 적절히 설계하면 불필요한 세금 부담을 줄일 수 있다.

무엇보다 중요한 것은 지배구조의 투명성이다. 투자자들은 장부와 지배구조를 꼼꼼히 검토하기 때문에, 체계적이고 투명한 관리가 이루어지지 않으면 투자 유치 과정에서 큰 장애가 된다.

3. 안정기: 재무비율 관리로 기업의 건강 진단

기업이 일정 궤도에 올라 안정적으로 운영되는 시기에는 '성장'보다 '내실'이 중요하다. 이때 반드시 점검해야 하는 것이 바로 재무비율 관리다.

● **유동성 지표**
유동비율, 당좌비율을 통해 단기 채무 상환 능력을 확인한다.
● **안정성 지표**
부채비율, 자본비율은 회사의 장기적 존속 가능성을 보여준다.
● **수익성 지표**
자기자본이익률, 매출액이익률은 실제 경영 성과를 반영한다.
● **활동성 지표**
총자산회전율, 매출채권회전율은 자산을 얼마나 효율적으로 활용하는지 보여준다.

이러한 재무 지표는 단순한 숫자가 아니라, 자금 운용의 문제점, 이익 구조의 불균형, 자산 효율성 등을 진단하는 경영의 건강검진표 역할을 한다.

4. 성숙기: 가업승계와 확장, 준비가 없으면 위기가 된다

많은 기업이 일정 궤도에 오른 이후, 경영자의 고령화나 사업 확장 과정에서 새로운 리스크를 맞이한다. 바로 가업승계와 상속·증여 문제다.

대표적인 예가 미처분 이익잉여금 문제다. 기업이 벌어들인 이익을 적절히 배당하거나 소각하지 않고 계속 유보하면, 세법상 주식 가치가 높게 평가되어 상속·증여 과정에서 막대한 세금이 발생한다. 실제로 수십억 원의 세금을 한 번에 부담하지 못해 기업이 무너지는 사례도 적지 않다.

따라서 성숙기에 접어든 기업은 반드시 전문가의 도움을 받아 승계 전략, 자산 유동화, 기업가치 평가 등을 사전에 준비해야 한다.

법인컨설팅으로 예방할 수 있는 주요 리스크

법인컨설팅의 핵심은 문제가 발생한 후 해결하는 것이 아니라, 사전에 리스크를 예방하는 것이다. 대표적인 리스크는 다음과 같다.

- **미처분 이익잉여금**: 세금 폭탄, 주식 고평가 문제
- **차명주식**: 지분 분쟁, 세무조사 리스크
- **가수금·가지급금**: 회계 불투명성, 법인세 증가
- **세무조사 위험**: 비정상적 자금흐름으로 인한 조사 대상 지정

컨설팅을 통해 리스크를 초기에 관리하면, 경영자는 본업에 집중할 수 있다. 많은 대표들이 컨설팅을 비용으로 여기지만, 실제로는 지속 가능성을 높이는 투자다.

창업기부터 성숙기까지, 법인 설계, 자금·인력 관리, 재무 점검, 승계 전략 등 모든 단계에서 컨설팅은 필수다.

경영은 타이밍 싸움이다. 미리 준비하면 기회가 되지만, 늦으면 더 큰 리스크와 비용을 감수해야 한다. 따라서 각 단계별 맞춤형 컨설팅으로 미래를 준비하는 것이 기업 생존의 열쇠다.

보험과 세금
박기덕의 시선

종신보험으로 준비하는 상속세 절세법!

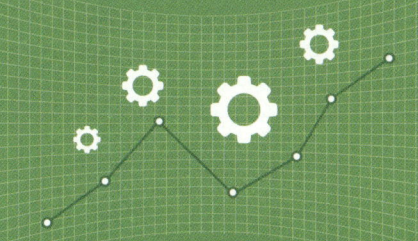

박기덕

- 1987.01.21 출생
- 성균관대학교 경제학과
- 가톨릭대학교 보건대학원
  역학 및 임상시험학 석사
- 덕보는선택 대표
- 인카금융서비스
  수석팀장 / 마케팅이사
- 금융·보험 컨설팅 및
  리스크 진단 경력 다수

보험은 단순한 재무 설계가 아니라 삶을 지키는 안전망이라고 믿는다.

경제학 전공 후 가톨릭대학교 보건대학원에서 역학 및 임상시험학 석사를 마치며 재무와 의학 전반을 아우르는 통합적 관점에서 금융·보험 컨설팅과 리스크 진단에 힘써왔다.

현재 '덕보는선택' 대표이자 인카금융서비스 수석팀장 및 마케팅이사로서 의학적 분석에 기초한 합리적 재무 전략을 설계하며 고객에게 최적의 리스크 플래닝을 제시한다.

생애주기별 보장 점검과 연금 리모델링을 통해 균형 잡힌 삶을 설계하는 '준비된 동반자'로 평가받는다.

이 글을 시작하며

보험, 보장을 넘어 절세의 도구로

보험은 예상치 못한 위험을 막는 보장이자 세금을 줄이고 자산을 지키는 전략적 수단이다. 각종 세목이 가계를 압박하는 시대에 보험은 삶을 지켜내는 보호막이자 재무 안전망이 된다.

첫째, 보장성 보험 세액공제로 근로소득자는 연 100만 원 한도 내에서 12%(장애인 전용 15%) 공제를 받을 수 있다.

둘째, 연금저축보험·IRP는 최대 900만 원까지 세액공제가 가능해 노후 준비와 절세를 동시에 충족한다.

셋째, 저축성·달러 보험의 비과세 혜택은 장기 유지 시 발생 차익에 대한 과세를 면제받을 수 있다.

또한 종신 보험은 상속세 재원 마련과 장기 상속 전략으로 활용된다. 보험금은 현금 유동성을 확보해 상속세 납부 재원이 되고, 계약 구조를 잘 설계하면 세대 간 자산 이전 수단이 된다.

결국 보험은 가족을 지키는 보장이면서 의료비 리스크를 막고 절세 전략까지 품은 재무 설계의 핵심 도구다.

PART 1
보험으로 누리는 절세 전략

보험은 위험 보장을 위한 수단일 뿐만 아니라 소득세를 절감할 수 있는 합리적인 절세 전략으로도 활용할 수 있는 금융상품이다. 보험을 통한 절세 효과는 대표적으로 보장성 보험의 세액 공제, 세제 적격 연금상품의 세액 공제, 보험차익에 대한 비과세 제도로 구분된다.

[보장성 보험료 세액 공제 요건 및 한도]

		구분	공제금액·한도	공제요건
세액공제	특정세액계좌	보장성 보험료	보험료 납입액 (연 각각 100만 원 한도) ×12%	근로자가 기본공제 대상자를 피보험자로 지출한 **보장성 보험의 보험료**
		장애인 보장성 보험료	보험료 납입액 (연 각각 100만 원 한도) ×15%	근로자가 기본공제 대상자 중 **장애인**을 **피보험자 또는 수익자로 지출하는 장애인 전용보험**에 지출한 보험료

첫째, 보장성 보험의 세액 공제는 근로소득자에게 적용된다. 연간 납입 보험료 100만 원 한도 내에서 12%를 세액 공제로 인정받을 수 있으며 장애인 전용 보험일 경우 15%의 공제율이 적용된다. 예를 들어 연 100만 원을 납입한 경우, 세액 공제 12만 원과 지방세 10%인 1만 2천 원을 더해 총 13만 2천 원의 세금이 절감된다.

특히 이 공제는 계약자 기준으로 가입한 자동차보험, 통합 건강보험, 종신보험, 정기보험 등 보장성 보험이 대상이 되므로 대부분의 근로자는 연 100만 원 한도 내 세액 공제를 실질적으로 적용받고 있다고 볼 수 있다. 즉, 이미 필수적으로 가입된 자동차보험이나 실손 보장이 포함된 통합보험 등을 통해 충분한 세액 공제 효과를 누리고 있는 셈이다.

단, 보장성 보험의 세액 공제는 근로소득자만 해당되며, 사업소득자나 기타소득자에게는 적용되지 않는다. 또한 해당 제도는 2014년부터 소득공제에서 세액 공제로 전환되었으며, 그에 따라 소득 수준과 무관하게 동일한 금액 기준으로 공제가 적용되도록 변경되었다. 이는 고소득자에게만 유리했던 기존 제도의 형평성을 보완한 조치이다.

[세제적격·비적격 연금상품 비교]

항목	세제적격	세제비적격
금융상품	연금저축보험	변액연금, 일반연금
혜택	세액공제	비과세
세액공제	연간 600만 원 × 16.5% (IRP포함 시 900만 원) *급여 5,500만 원 초과 시 13.2%	해당 안 됨
비과세	해당 안 됨	연간 1,800만 원 1) 적립식 2) 5년 이상 매월 납입 *단, 보험차익이 발생해야 비과세 적용
연금 소득세	55~69세: 5.5% 70~79세: 4.4% 80세 이상: 3.3%	없음
연금 외 수령 시 세금	16.5%	없음
연금 개시나이	55세 이후	45~80세 (상품별 상이)
연금 지급기간	확정형	확정형, 종신형, 상속형

둘째, 세제 적격 연금상품(연금저축보험 및 IRP)은 2025년 기준으로 확대된 세액 공제 혜택이 적용된다. 연금저축보험은 연간 최대 600만 원까지, IRP와 합산할 경우 최대 900만 원까지 세액 공제를 받을 수 있다. 공제율은 소득에 따라 차등 적용되며, 종합소득 4,500만 원 이하 또는 총급여 5,500만 원 이하의 경우 16.5%, 그 이상은 13.2%의 공제율이 적용된다. 예를 들어 연봉 4,000만 원인 근로자가 연금저축보험에 연 600만 원을 납입하면, 99만 원(600만 원 × 16.5%)의 세액 공제 환급을 받을 수 있다.

세제 적격 보험의 공제를 받기 위해서는 반드시 연금 수령 시기를 만 55세 이후로 하고, 10년 이상 연금 형태로 수령해야 하며, 중도 해지 시에는 기타소득세 16.5%가 부과되는 불이익이 있다. 또한 공제 한도를 초과한 납입금액에 대해서는 세액 공제를 받을 수 없다.

[저축성 보험 비과세 요건]

구분	내용	한도
금융상품	- 비과세 혜택 (2017.4~) 납입 5년 이상, 유지 10년 이상 선납은 6개월 이내, 기본 보험료 균등(1배 이내)	연간한도 1,800만 원
종신연금 공통사항	- 비과세 혜택 (2017.4~) 유지 10년 이상	1억 원 한도
비과세	- 비과세 혜택 (2017.4~) 55세 이후 연금 개시(계 피 수 동일할 것), 연금 이외의 지급금이 아닐 것, 사망 시 보험계약 및 연금 계약 소멸할 것	한도 없음

셋째, 저축성 보험 및 보장성 보험의 보험차익에 대한 비과세 제도도 중요한 절세 수단이다. 저축성 보험의 경우, 가입일 및 납입 방식에 따라 비과세 요건이 달라진다. 특히 2017년 4월 1일 이후에 가입한 저축성 보험은 월납 기준으로 월 평균 납입액이 150만 원을 초과하지 않아야 하며, 5년 이상 납입, 10년 이상 유지라는 조건을 충족해

야 비과세 혜택이 적용된다. 또한 이 경우 비과세 한도는 1인당 1억 원으로 제한된다.

반면 보장성 보험은 종신보험이나 상해보험처럼 사망이나 사고 보장을 위한 보험상품에서 보험금 수령 시 발생한 차익에 대해 소득세가 과세되지 않는다. 이는 보장 목적이 명확한 보험의 경우, 해당 수령 금액을 과세 소득으로 보지 않기 때문이다.

보험은 단순한 위험 대비뿐만 아니라 노후 준비와 세금 절감이라는 두 가지 목적을 동시에 달성할 수 있는 중요한 금융상품이다. 이러한 혜택은 보험의 종류, 가입 시기, 납입 방식 등 다양한 조건에 따라 달라지므로 계약 전에 제도 요건을 충분히 이해하고 보험 전문가의 조언을 받는 것이 바람직하다.

PART 2
단기납 종신보험 비과세 대상일까?

종신보험은 사망 보장을 주목적으로 하며, 일정 요건을 충족할 경우 소득세법상 보험차익에 대해 비과세 혜택을 받을 수 있다. 특히 단기납 종신보험은 고환급률을 바탕으로 최근 몇 년간 절세형 금융상품으로도 주목받고 있으나 세법상 해석과 과세 당국의 입장은 보다 정밀하게 이해할 필요가 있다.

종신보험은 비과세 대상

종신보험은 「소득세법 시행령」 제25조에 따르면 보장성 보험(만기·해지 환급금이 납입 보험료를 초과하지 않는 보험)에서 발생하는 보험금·환급금은 과세되지 않는다. 하지만 만기 환급금이 적립금이 높은 저축성 보험인 경우에는 비과세 규정을 다음과 같이 명시하고 있다. 비과세 혜택을 받기 위해서는 아래 조건을 충족해야 한다.

항목	조건
계약 유지 기간	계약일로부터 10년 이상 유지
월적립식 보험	5년 이상, 매달 균등하게 납입
일시납 보험	납입 금액 1억 원 이하
정기납 보험	월 150만 원 이하, 균등 납입

이와 같은 요건을 갖춘 종신보험은 보험차익에 대해 비과세가 적용되며, 절세 목적의 상속 설계에도 유용하게 활용할 수 있다.

단기납 종신보험의 비과세 논란

최근 수년간 보험사들이 출시한 7년 납, 10년 해지환급률 120% 이상인 단기납 종신보험이 시장의 주목을 받아왔다. 원금 대비 높은 환급률로 인해 소비자들은 저축성 보험으로 오인하기 쉬우며, 실제 일부 고액 상품은 국세청의 과세 대상이 될 수 있다.

이에 대해 기획재정부는 2024년 7월 공식 입장을 통해 아래와 같이 유권해석을 발표하였다.

"단기납 종신보험은 보험 형식상 순수 보장성 보험으로 비과세가 원칙이다. 다만 고환급률 등으로 저축성 성격이 짙은 경우 국세청이 개별적으로 과세 여부를 판단할 수 있다."

즉, 단기납 종신보험은 원칙적으로는 비과세이나 고액 납입이나 과도한 해지 환급률로 인해 실질적 성격이 '저축성'에 가깝다고 판단되는 경우에는 세무조사 대상이 될 수 있음을 의미한다.

단기납 종신보험, 절세 전략으로 활용하려면

단기납 종신보험을 절세 목적, 특히 상속세 재원 마련이나 가업승계 구조 설계에 활용하고자 할 경우, 단순히 비과세 여부만 고려해서는 안 된다. 아래의 요소들을 사전에 충분히 검토해야 한다.

1. 고액 납입 시 납입 한도 점검
- 월 150만 원을 초과하는 정기납 보험료는 비과세 혜택 적용이 제한될 수 있다.
- 고액 일시납 구조(예: 단기에 1~3억 원 이상 납입)인 경우에는 실질적으로 저축성 보험으로 간주될 수 있으며, 국세청이 세무상 '보험차익'으로 판단해 과세 통지할 수 있다.

2. 계약 구조 설정
- 계약자 = 보험료 납입자, 수익자 = 계약자, 피보험자 = 피상속인 (사망 예정자)

  이 구조를 명확히 유지해야 피보험자 사망 시 계약자, 수익자가 자녀 또는 배우자인 경우 상속세법상 사망보험금이 상속재산으로 편입되지 않는다.
- 반대로 계약자와 수익자가 다르거나 수익자가 피상속인(사망 예정자)인 경우 상속세 또는 증여세 문제가 발생할 수 있다.
- 단기납 종신보험은 비과세 저축보험의 비과세 내용뿐만 아니라 상속, 증여 문제도 고려해야 하는 상품이다.

[단기납 종신보험 계약 구조와 절세 효과]

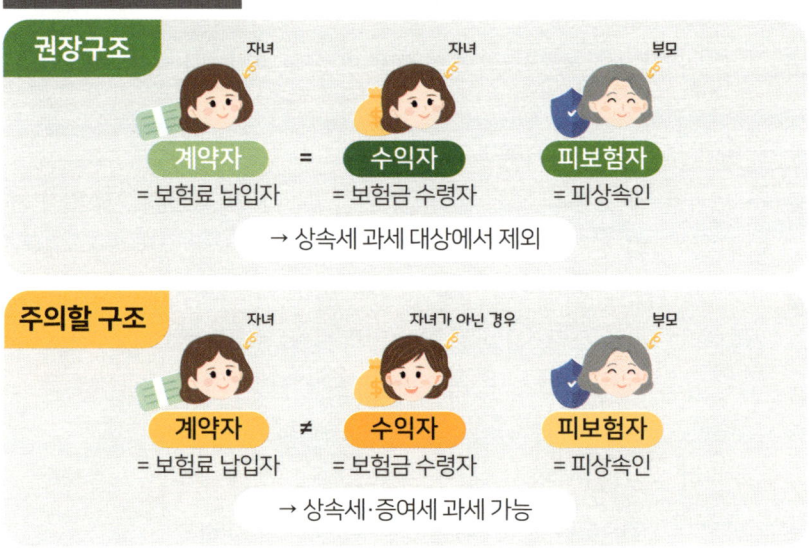

단기납 종신보험은 고환급률과 짧은 납입 기간으로 인해 절세 목적에 적합하다는 인식이 확산되었지만, 실제 과세 여부는 '상품 구조'와 '가입 형태'에 따라 달라진다.

따라서 단기납 종신보험을 상속설계 또는 절세 포트폴리오로 활용하고자 할 경우, 반드시 보험 전문가와 상담하여 가입하기를 권장한다.

PART 3
달러보험, 세금은 어떻게 될까?

최근 원화 약세 흐름과 글로벌 금융시장 불안정성이 반복되면서, 안전자산에 대한 관심이 꾸준히 증가하고 있다. 특히 부유층을 중심으로 '달러'는 대표적인 위기 회피 수단으로 여겨지며, 달러 예금·달러 채권뿐 아니라 달러 보험에 대한 관심도 크게 늘고 있는 상황이다.

달러 보험은 보험의 본질인 보장을 담으면서 외화 자산의 장점을 함께 누릴 수 있다는 점에서 위험 분산과 절세를 동시에 고려하는 자산가들의 선택지로 주목받고 있다. 그중에서도 '세금' 측면에서 가지는 장점은 확실한 비교우위를 제공한다.

달러보험 환차익 비과세

달러 보험의 가장 큰 매력 중 하나는 환차익에 대해 비과세가 적용된다는 점이다. 일반적으로 해외 주식이나 외화 예금에서 발생하는 환차익은 과세 대상이지만 보험의 구조 안에서 발생하는 환차익은 보험금 수령의 일부로 간주되어 과세 대상이 아니다.

예를 들어, 납입 당시 1달러당 1,200원이었고 만기 시 1,400원이 되었다면, 수령 금액의 상당 부분이 환율 상승에 따른 차익이지만 이는 세금 없이 전액 수령 가능하다. 단순히 보장만을 위한 보험이 아닌 외화 자산을 이용한 절세 수단으로도 기능한다는 의미다.

달러보험 이자수익 비과세 요건

달러 보험은 달러로 납입하고 달러로 적립되며, 수령도 달러 또는 원화 중 선택이 가능하다. 하지만 이 보험은 국내 보험사가 판매하는 상품이기 때문에, 결국은 한국의 소득세법을 따른다. 즉, 이자 소득의 비과세 여부도 소득세법의 저축성 보험 기준을 충족할 때만 가능하다. 「소득세법 시행령」 제25조에 따라 아래 세 가지 요건을 충족하면, 보험차익(이자 소득)에 대해 비과세 혜택이 적용된다.

- 계약 유지 기간: 10년 이상
- 납입 형태:
  · 납입 기간 5년 이상
  · 월 적립금이 150만 원 이하인 경우

위 요건을 만족하는 달러 보험은 보험 만기 또는 중도 인출 시 발생하는 이자 수익에 대해 세금을 내지 않는다. 이는 같은 외화 자산인 달러 예금이 이자 소득세(15.4%)를 과세하는 것과 차별화되는 중요한 포인트이다.

[이자소득 비과세를 위한 저축성 보험 요건]

월적립식 저축성보험 (납입기간 5년 이상)	연금형 종신보험 계약 (일시납/납입기간 5년 미만의 월적립식 저축성보험 포함)	연금 외 수령 목적의 종신보험 (일시납/납입기간 5년 미만의 월적립식 저축성보험)
● 보험료 납입 주기: 월납 (기본보험료의 선납기간이 6개월 이내) ● 10년 이상 유지 - 최초 납입일부터 만기일 또는 중도 해지일까지 ※10년 이전 해지 시 발생하는 이자소득은 과세	● 만 55세 이후 사망 시까지 또는 일정 시점까지 연금 형태로 수령 ※ 종신 또는 확정 연금 ● 사망 시(특정 시점) 소멸하는 구조여야 보험차익 비과세 적용 가능 ● 계약자, 피보험자, 수익자 동일	● 총 납입한 보험료 합계액 2억 원 이하 (계약자 1인당 타사 계약 포함) ● 10년 이상 유지 - 최초 보험일부터 만기일까지 10년 이상 ※10년이 경과되기 전에 해지해 연금으로 수령해야 비과세 적용

사망보험금도 비과세 활용 가능

달러 보험 중 달러 종신보험 등 사망 보장 기능이 포함되어 있을 경우, 사망 보험금 역시 비과세 대상이 될 수 있다. 계약자, 피보험자, 수익자 관계 설정을 어떻게 하느냐에 따라 상속세 비과세 혜택을 볼 수 있다.

달러 보험은 단순히 환율 변동 리스크를 이용한 상품이 아니다. 이자 소득 비과세, 환차익 비과세, 사망 보험금 비과세라는 세 가지 절세 포인트를 담고 있으며, 이는 동일한 외화 투자 수단에서는 찾아보기 어려운 장점이다.

하지만 중요한 점은 세제 혜택을 누리기 위해서는 세법에서 정한 요건을 반드시 충족해야 한다는 사실이다.

특히 납입 구조(계약자, 피보험자, 수익자 관계), 계약 조건(납입 및 만기 수령 방식) 등은 과세 여부를 결정짓는 기준이므로 가입 전 보험 전문가에게 설명을 듣고 목적에 맞는 구조로 가입하는 것이 핵심이다.

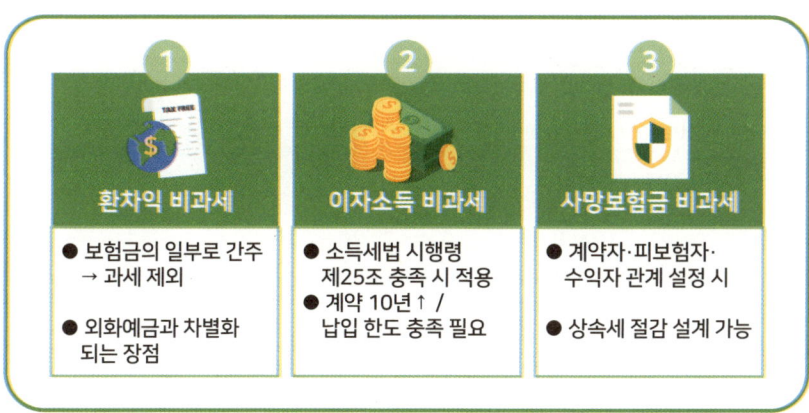

[정기금 평가 적용을 위한 보험 구조 설계 요건]

PART 4
종신보험을 활용한 상속세 절세 전략

　종신보험은 사망 시 확정적으로 거액의 보험금을 수령할 수 있어 상속 발생 시 단기간 내 현금 유동성을 확보할 수 있는 매우 유용한 수단이다. 상속세는 피상속인의 사망일로부터 6개월 이내에 신고 및 납부해야 하며, 유산이 부동산 위주일 경우 현금이 부족해 급히 자산을 처분하거나 대출에 의존해야 하는 상황이 빈번하게 발생한다. 이러한 경우 종신보험의 사망보험금은 상속세 납부 재원으로 즉시 사용할 수 있어 자산을 급매하거나 추가적인 금융 비용을 발생시키지 않고 안정적으로 상속 과정을 이어갈 수 있는 장점이 있다.

종신보험은 상속세 과세의 대상일까?

　종신보험을 상속세 절세 수단으로 활용하려면 계약 구조의 설계가 무엇보다 중요하다. 일반적으로 부모가 계약자이자 피보험자이고 자녀가 수익자인 경우, 보험료를 부모가 납입했다면 사망보험금은 부모의 상속재산으로 포함되어 상속세가 부과된다. 이는 보험료를 납입한 사람이 피상속인이기 때문에 해당 자산이 피상속인의 재산으로 간주되기 때문이다.

　반대로 자녀가 계약자이자 수익자이고 부모가 피보험자인 구조에서 자녀가 보험료를 실질적으로 납입했다면, 이 경우 사망보험금은 자녀가 자기 책임과 계산으로 체결한 보험 계약에 따른 수령금으로 보기 때문에 상속세 과세 대상에서 제외된다. 이러한 계약 구조를 올바르게 설정하면 상속세 부담 자체를 줄일 수 있을 뿐만 아니라 사망보험금을 아예 과세 대상에서 제외시킬 수 있는 절세 효과를 기대할 수 있다.

[종신보험 계약 구조에 따른 상속세 과세 여부]

다만 이러한 구조가 실무적으로 효과를 발휘하기 위해서는 자녀가 보험료를 실질적으로 납입했다는 사실을 객관적으로 입증할 수 있어야 한다. 단순히 명의만 자녀로 되어 있고 실제 보험료는 부모가 납입한 정황이 있을 경우, 세무당국은 이를 '명의신탁'으로 간주할 수 있으며, 이 경우 사망보험금은 다시 상속재산에 포함되어 과세된다. 따라서 자녀의 계좌이체 내역, 카드결제 명세, 자동이체 기록 등 구체적인 납입 증빙 자료를 철저히 보관해야 하며, 자금 흐름이 명확하게 정리되어 있어야 한다.

경제적 여력이 부족한 자녀를 위한 사전 증여 전략

자녀가 보험료를 직접 납입할 수 있는 경제적 능력이 부족한 경우에는 부모가 자녀에게 증여세 공제 한도 내에서 자금을 증여한 후, 자녀가 그 재원으로 보험료를 납입하게 하는 방식이 효과적이다. 이 방식은 자녀가 보험료를 실질적으로 부담할 수 있도록 설계하면서도 자금 출처에 대한 투명성을 확보할 수 있는 전략이다. 증여 시기는 보험 가입 초기나 계약자 변경 전에 진행하는 것이 바람직하며, 증여 내역 역시 금융 거래 자료로 보관하여 불필요한 세무 리스크를 사전에 차단하는 것이 좋다.

2세대까지 고려한 장기 상속 설계

종신보험은 1세대 자산 이전에만 국한되는 것이 아니라 2세대 이상까지 연계하여 상속 구조를 확장할 수 있다. 유대인들이 활용하는 종신보험은 단순한 사망보장을 넘어 가문의 자산을 세대 간에 안정적으로 이전하고 증식시키는 도구 역할을 한다. 종신보험을 계약할 때 '계약자, 피보험자, 수익자'의 구조를 200% 활용하는 전략을 취한다. 조부모가 계약자가 되고 자녀가 피보험자로 설정하며, 수익자는 다음 세대 손주로 지정하는 방식이다. 이러한 구조는 사망보험금을 단순히 받는 데 그치지 않고, 종신보험의 납입보험료 대비 사망보험금을 최대로 활용하며 상속세법을 적극적으로 활용하는 방법이다.

또한 종신보험은 사망보험금이 목돈으로 지급되기 때문에 유고 시 자녀의 교육자금, 생활자금, 또는 상속세 납부 재원으로도 활용 가능하다. 유대인들은 종신보험에 신탁 구조를 결합하여 사망 이후에도 자산이 의도한 목적에 맞게 쓰이도록 설정한다. 예를 들어 자녀가 대학을 졸업했을 때 일정 금액이 지급되도록 조건부 수령 구조를 설계하는 것이 그것이다.

이러한 종신보험은 세대를 거쳐 복리로 이어질 수 있도록 설계된다. 조부모가 가입한 보험을 자녀가 승계하고, 이후 손자녀에게 다시 이어지게 함으로써 자산 운용의 끈이 끊어지지 않는 구조를 만든다. 보험계약자와 수익자를 유연하게 변경하면서 수십 년에 걸쳐 복리 효과를 극대화하고, 자산을 안전하게 지키는 동시에 세금 부담 없이 대물림할 수 있다.

[2세대를 고려한 종신보험 장기 상속 설계 구조]

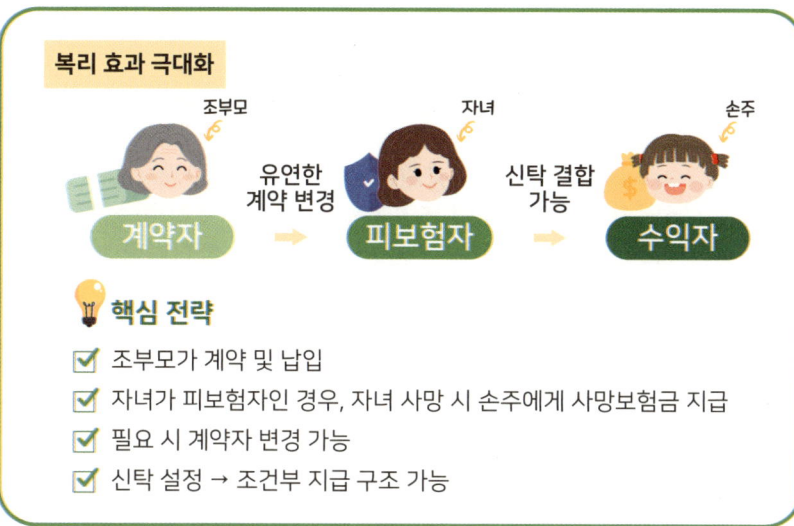

핵심 브리핑
단기납 종신보험, 왜 주목받는가

단기납 종신보험이란

일반 사망을 보장하는 종신보험이지만
납입기간이 5년, 7년, 10년 등 일반 종신보험보다
비교적 단기라서 단기납 종신보험이라고 불립니다.

납입기간 중 사망보험금 보장

납입기간 종료 보험료납입액
(거치기간 포함) **100% 초과환급금** 수령 가능

단기납 종신보험의 핵심 포인트

짧은 납입, 평생 보장
- 5년·7년 단기 집중 납입
- 납입 이후 추가 부담 없이 평생 보장

원금 초과 환급 구조
- 완납 후 장기 유지 시
- 납입 원금보다 많은 해약환급금 가능

환급률 변화 추세
- 과거: 원금 대비 120~130% 홍보
- 현재: 금리·규제로 감소했지만 여전히 원금 이상 환급 기대 가능

세제 혜택 + 안전성
- 비과세(이자소득세 15.4% 면제)
- 일부 상품은 예금자 보호 적용

보험 시장에서 최근 가장 많은 주목을 받는 상품 중 하나가 단기납 종신보험이다. 단기납 종신보험은 기존 종신보험과 동일하게 평생 사망 보장을 제공하지만, 보험료 납입 기간을 짧게 설정하여 빠르게 납입을 마칠 수 있는 구조를 가지고 있다. 기존 종신보험이 20년에서 30년 동안 장기간 보험료를 납입해야 했다면, 단기납 종신보험은 5년 혹은 7년이라는 단기간만 납입하면 이후에는 평생 보장을 유지할 수 있다는 점이 가장 큰 특징이다.

이러한 구조는 단순히 보장성 측면을 넘어 재무 관리와 자산 운용의 측면에서도 매력적인 요소로 작용한다. 특히 저금리 기조 속에서 안정성과 보장을 동시에 추구하는 소비자들에게 단기납 종신보험은 하나의 효과적인 대안으로 자리매김하고 있다.

단기납 종신보험의 주요 특징

첫째, 단기납 종신보험은 납입 기간이 짧다는 점이 특징이다. 기존의 종신보험은 장기간 보험료를 납입해야 했기 때문에 중간에 경제적 부담이 생기거나 납입이 어려워질 경우 해지나 축소 등을 고민해야 했다. 그러나 단기납 종신보험은 소득이 안정적인 시기에 5년 또는 7년 등 비교적 짧은 기간 동안만 집중적으로 납입하면 그 이후에는 추가 부담 없이 평생 보장을 유지할 수 있어 자금 계획을 세우기 용이하다.

둘째, 일정 기간 이후 해약 환급금이 원금을 초과하는 구조로 설계되는 경우가 많다. 단순히 보험을 유지하는 것만으로도 계약자가 납입한 보험료보다 더 많은 금액을 돌려받을 수 있게 되는 것이다. 특히 고금리 시절에 가입한 계약은 시간이 지날수록 그 차익이 크게 벌어지며, 이를 통해 단기납 종신보험은 단순한 보장성 보험이 아니라 하나의 중장기 자산으로서 기능할 수 있게 된다. 이로 인해 '보험을 통한 재테크'라는 개념이 실제적인 선택지로 주목받고 있다.

셋째, 한때 일부 보험사들은 납입 원금 대비 120~130%에 달하는 높은 환급률을 강조하며 시장을 공략하기도 했다. 다만 최근에는 시장 금리 하락, 보험사 RBC비율 관리, 금융 당국의 규제 강화 등으로 인해 과도한 해약 환급률을 제공하는 상품은 줄어들고 있는 추세다. 그럼에도 불구하고 단기납 종신보험이 여전히 원금 이상의 환급 가능성을 제공한다는 점에서 소비자에게 매력적인 선택지로 남아 있다.

넷째, 비과세 혜택과 예금자 보호 혜택까지 제공된다는 점은 단기납 종신보험의 또 다른 장점이다. 보험차익이 2억 원 이하이고, 일정 요건을 충족하면 이자소득세 15.4%를 면제받을 수 있다. 이는 일반 금융상품과 비교했을 때 절세 측면에서 매우 유리한 구조이며, 일부 상품은 예금자 보호 제도까지 적용되어 안정성까지 확보할 수 있다. 특히 고액자산가나 자녀에게 자산을 효율적으로 이전하고자 하는 경우에도 매우 유용하다.

실생활에서의 활용성

단기납 종신보험은 실제로 다양한 라이프스타일과 재무 상황을 가진 고객들에게 맞춤형으로 활용될 수 있다. 예를 들어 자녀 교육비, 주택 구입 자금, 은퇴 준비 등 인생의 주요 이벤트를 계획 중인 30~40대에게는 짧은 기간 동안 보험료를 집중적으로 납입하고, 이후 경제적 여유를 확보할 수 있는 수단이 된다. 은퇴 이후 고정수입이 줄어드는 시기를 대비해, 젊고 경제활동이 활발한 시점에 납입을 완료해두는 전략은 장기적인 관점에서 매우 효과적이다.

또한 일정 기간이 지난 뒤에는 해약 환급금 활용이 가능하다는 점에서, 단기납 종신보험은 비상 자금 또는 유동성 자산으로도 기능할 수 있다. 일부 고객은 실제로 이 구조를 활용해 은퇴 시점에 현금 흐름을 만들거나, 자녀의 결혼자금 또는 창업자금으로 사용하는 사례도 늘고 있다. 특히 일정 수준의 환급금이 확보된 이후에는 추가 대출 없이 자산을 유연하게 운용할 수 있다는 점에서 중장년층에게 실질적인 혜택을 준다.

최근에는 기업 CEO나 고소득 전문직을 중심으로 단기납 종신보험을 자산 승계, 상속세 재원 마련 수단으로 활용하려는 수요도 많아지고 있다. 납입 기간이 짧아 리스크 관리가 용이하고, 사망 시 수령하는 보험금으로 상속세나 유산분할 문제를 미리 대비할 수 있기 때문이다. 또한 보험금의 지급 방식이나 수익자 지정을 통해 가정 내 자산 분배의 균형을 맞추는 수단으로도 주목받고 있다.

물론 모든 단기납 종신보험이 동일한 구조와 혜택을 제공하는 것은 아니다. 납입 기간, 해약 환급률 구조, 보장 내용, 세제 요건 등에 따라 상품 간 차이가 크기 때문에 반드시 전문가의 상담을 통해 개인의 상황에 맞는 설계를 받아보는 것이 중요하다. 특히 최근에는 금리 변화, 상품 리모델링, 해약환급금 구조 변경 등으로 인해 몇 년 전과 현재의 상품 내용이 크게 달라졌기 때문에, 최신 정보와 조건을 비교 분석한 후 가입 여부를 결정해야 한다.

이처럼 단기납 종신보험은 단순한 보장이 아닌, 재무적 전략과 절세, 자산 유동성 확보까지 고려할 수 있는 종합적인 자산 관리 도구로 진화하고 있다. 보험을 하나의 투자 관점에서 바라보는 소비자들이 늘어나고 있는 지금, 단기납 종신보험은 그 흐름의 중심에 있는 상품이라 해도 과언이 아니다.

핵심 브리핑
달러보험의 특징과 장단점

달러보험의 핵심 포인트

- ✅ 원화보험 대비 **달러 자산 축적 가능**
- ✅ 환율에 따라 **해외자산 분산투자 효과**
- ✅ 보장성 + 저축성 상품 모두 존재

달러보험의 핵심 장점

자산가치 보존
환율 상승 시
원화 자산보다 유리

글로벌 자산 다변화
달러라는
기축통화 기반

보장+저축 기능
저축과 보장을
동시에 누릴 수 있음
(상품유형에 따라)

달러보험의 유의사항

- ⚠️ 환율 하락 시 손실 가능
- ⚠️ **장기 유지 필요** (단기 해지 시 불리)
- ⚠️ **보험료 부담**: 원화 환산 시 변동성이 있음

보험상품을 활용한 달러 자산 확보

달러보험은 보험료를 달러(USD)로 납입하고 보험금 역시 달러로 수령하는 상품이다. 최근 환율 변동성과 글로벌 자산 다변화 필요성이 높아지면서 달러보험은 투자와 보장을 동시에 고려하는 사람들에게 많은 관심을 받고 있다. 특히 기축통화인 달러를 활용한다는 점에서 단순한 보험 이상의 의미를 가진 상품이다.

달러보험의 주요 특징

첫째, 달러보험은 보험료 납입과 보험금 수령이 모두 달러로 이루어진다. 즉, 가입자는 매월 납입하는 보험료를 원화를 달러로 환전하여 내야 하며, 만기 보험금이나 해약 환급금, 사망 보험금 등도 달러로 지급받게 된다. 이는 환율 변동에 따른 영향을 직접적으로 받는 구조이다. 환율이 상승하면 같은 금액의 달러 보험금이 원화로 환전될 때 더 큰 금액이 되며, 반대로 환율이 하락하면 원화 환산액은 줄어들 수 있다. 따라서 가입자는 환율 변동성이 가져오는 잠재적 이익과 손실을 모두 고려해야 한다.

둘째, 일부 달러보험은 원화 보험에 비해 상대적으로 높은 이율을 제공한다. 최근 시중 원화 보험이 저금리 기조 속에서 2~3%대의 금리를 보이는 것과 달리, 달러보험은 확정 금리 기준으로 5~6%대 상품도 등장하였다. 이는 국내 달러 예금 상품과 비교해도 경쟁력이 있다는 점에서 장점이 된다. 또한 달러보험은 보장성 상품과 저축성 상품이 모두 존재해, 본인의 필요에 따라 선택할 수 있다. 안정적인 보장을 원한다면 종신보험 성격의 보장형을, 자산 증식을 원한다면 저축형 달러보험을 선택할 수 있는 식이다.

셋째, 달러보험은 장기 유지 시 비과세 혜택을 누릴 수 있다. 10년 이상 계약을 유지하면 이자 수익과 환차익 모두 과세 대상에서 제외되며, 사망 보험금 역시 소득세와 증여세가 부과되지 않는다. 이러한 비과세 혜택은 장기간 보험을 유지하는 가입자에게 큰 장점으로, 특히 상속·증여 설계 측면에서 효과적으로 활용될 수 있다. 달러라는 외화 자산을 비과세 상태로 물려줄 수 있다는 점에서 부유층 고객에게도 수요가 꾸준하다.

넷째, 달러보험은 달러 자산을 확보하는 수단이 된다. 달러는 전 세계적으로 통용되는 기축통화이자 안전자산으로 평가받고 있어, 보험이라는 형태로 장기 보유하면 포트폴리오 내 환율 분산 효과를 가져올 수 있다. 또한 자녀의 해외 유학, 해외 이민, 해외 주재원 생활비 등 실질적인 목적에도 활용할 수 있어, 단순한 투자보다 실생활 밀착형 금융 도구로도 가치가 있다.

달러보험의 숨겨진 추가 수익, 환차익

달러보험의 가장 큰 장점 중 하나는 환차익 기대이다. 가입 시점보다 환율이 상승한다면, 달러로 수령한 보험금을 원화로 환전할 때 추가적인 이익을 얻을 수 있다. 예를 들어 가입 당시 1달러가 1,200원이었는데 만기 시점에 1,400원이 되었다면, 동일한 달러 보험금이 원화로 환전될 때 더 큰 금액으로 돌아오게 된다. 반대로 환율이 하락하면 원화 환산액은 줄어들 수 있으므로, 달러보험은 어디까지나 장기적 관점에서 접근하는 것이 중요하다.

또한 달러보험은 기본 이율이 높다는 점에서도 장점이 있다. 저금리 시대에 원화 기준 상품이 낮은 금리에 머물고 있는 것과 달리, 달러보험은 상대적으로 높은 확정 금리를 제공하여 자산 증식 효과를 기대할 수 있다. 이는 단순히 보장을 위한 보험을 넘어 투자 성격을 동시에 지닌다는 점에서 주목할 만하다.

마지막으로 달러 자산 확보라는 기능도 빼놓을 수 없다. 보험을 통해 달러를 장기적으로 확보하면 자산 포트폴리오의 한 축으로 작용하며, 글로벌 경제의 불확실성 속에서 환율 리스크를 분산하는 역할을 한다. 특히 자녀의 해외 유학 자금이나 해외 이민 계획이 있는 경우에는 달러보험을 통해 필요한 시점에 안정적으로 달러를 활용할 수 있다.

달러보험 활용 시 유의사항

달러보험은 장점이 많은 상품이지만, 반드시 고려해야 할 점도 있다. 첫째, 환율 하락 시에는 원화 환산액이 줄어들어 예상보다 낮은 수익을 얻을 수 있다. 둘째, 보험료 납입 시 원화를 달러로 환전해야 하기 때문에 환전 수수료가 발생하며, 장기 납입일수록 이 비용이 누적될 수 있다. 셋째, 중도 해지 시 손실이 발생할 수 있으므로 장기 유지가 전제되어야 한다. 넷째, 보험료 부담 역시 원화 환율 변동에 따라 달라질 수 있기 때문에, 안정적인 소득이 있는 가입자에게 더 적합하다.

이처럼 달러보험은 단순한 보장성 상품이 아니라, 환율 변동을 활용한 자산 관리 도구로서 가치가 있다. 장기 유지와 계획적인 활용이 뒷받침된다면, 환차익·이자수익·비과세 혜택을 모두 누릴 수 있는 복합 금융상품이 된다. 따라서 단기적인 시세 차익을 노리기보다는, 글로벌 자산 다변화와 장기적인 재무 전략을 세우려는 가입자에게 적합한 상품이라 할 수 있다.

마무리하며
보험과 세금혜택, 절세 전략의 완성

보험은 흔히 '위험에 대비하는 안전장치'라는 인식이 강하다. 하지만 오늘날 보험은 단순한 보장 기능을 넘어, 세법상 다양한 혜택을 누릴 수 있는 중요한 금융 수단이기도 하다. 근로자의 세액공제부터 자산가의 상속세 절세 전략까지, 보험은 인생 전반의 재정 관리와 세금 최적화에 있어 빼놓을 수 없는 역할을 담당한다. 결국 보험은 보장과 절세라는 두 축을 동시에 만족시킬 수 있는 독보적인 도구라 할 수 있다.

보험과 세금, 두 가지 축
1. 세액공제 혜택: 보장성 보험과 연금상품
세액공제는 근로자의 절세에 가장 직접적인 혜택을 제공한다.

보장성 보험의 경우 연간 100만 원 한도 내에서 납입 보험료의 12%가 세액공제로 인정되며, 장애인 전용 보험은 15%까지 확대된다. 자동차보험, 종신보험, 정기보험, 통합건강보험 등 생활에서 필수적으로 가입하는 보장성 보험이 모두 포함되므로, 근로자의 상당수는 이미 실질적인 세금 절감 효과를 누리고 있다고 볼 수 있다.

여기에 더해 연금저축보험과 IRP 같은 세제적격 연금상품도 중요한 세액공제 수단이다. 2025년 기준으로 연금저축보험은 연간 600만 원, IRP와 합산하면 최대 900만 원까지 세액공제가 가능하다. 총급여 5,500만 원 이하 또는 종합소득 4,500만 원 이하의 경우 공제율은 16.5%, 그 이상은 13.2%가 적용된다. 예를 들어 연봉 4,000만 원인 근로자가 연금저축보험에 600만 원을 납입하면 약 99만 원의 세액공제를 받을 수 있다.

즉, 보장성 보험과 연금상품은 성격은 다르지만, 근로자의 세금 부담을 줄이고 노후 대비까지 가능하게 하는 세액공제 축이라는 공통점으로 묶을 수 있다.

2. 보험차익 비과세 제도

또 다른 축은 보험차익에 대한 비과세 혜택이다. 이는 저축성 보험과 보장성 보험에서 각각 다른 방식으로 적용된다.

저축성 보험은 2017년 4월 이후 가입 기준으로 월 평균 납입액 150만 원 이하, 5년 이상 납입, 10년 이상 유지라는 조건을 충족하면 보험차익에 대해 비과세가 적용된다. 일시납의 경우 1억 원 이하 한도를 충족해야 하며, 이를 초과할 경우 과세된다. 이러한 요건을 만족한다면 장기간 유지 시 발생하는 이자·차익에 대해 세금을 내지 않고 전액 수령할 수 있다.

보장성 보험은 성격이 다르다. 종신보험이나 상해보험처럼 보장 목적이 뚜렷한 상품에서 발생하는 사망보험금이나 사고보험금은 소득세 과세 대상에 포함되지 않는다. 이는 보장 본연의 기능을 존중한 세법상의 특례이며, 특히 상속세 절감과 연계할 때 강력한 절세 효과를 발휘한다.

3. 종신보험을 활용한 상속세 재원 마련

세 번째 축은 종신보험을 통한 상속세 재원 마련이다.

상속세는 피상속인의 사망일로부터 6개월 이내에 현금으로 납부해야 한다. 그러나 많은 가정이 부동산 위주로 자산을 보유하고 있어, 갑작스러운 상속세 납부 시 현금 유동성 부족 문제에 직면한다. 이때 종신보험의 사망보험금은 즉시 현금으로 지급되어 상속세 납부 재원으로 활용할 수 있다.

특히 계약 구조를 어떻게 설정하느냐가 핵심이다.

- 부모가 계약자·피보험자이고 자녀가 수익자인 경우, 부모가 보험료를 납입했다면 사망보험금은 상속재산에 포함된다.
- 반대로 자녀가 계약자이자 수익자이고, 부모를 피보험자로 하여 자녀가 실제로 보험료를 납입했다면, 사망보험금은 자녀 고유의 재산으로 간주되어 상속세 과세 대상에서 제외된다.

이러한 구조를 통해 상속세 부담을 줄이고, 상속 발생 시 필요한 현금 유동성을 확보할 수 있다. 더 나아가 조부모-자녀-손주 세대까지 연결하는 장기적 구조를 설계하면, 종신보험은 단순한 사망보장이 아니라 세대를 이어 자산을 대물림하는 절세 도구로 기능할 수 있다.

단기납 종신보험과 비과세 논란

최근 몇 년간 절세형 금융상품으로 주목받은 단기납 종신보험은 짧은 납입 기간에 비해 해지환급률이 높아 소비자들이 저축성 상품으로 오인하기 쉽다. 실제로 7년 납, 10년 해지환급률 120% 이상 상품이 인기를 끌었으나, 과세당국은 고환급률 상품을 저축성 보험으로 간주하여 과세할 수 있다는 입장을 밝혔다.

기획재정부의 공식 해석은 '형식상 보장성 보험으로 비과세가 원칙이지만, 고액 납입이나 고환급률 구조를 가진 경우 국세청이 개별적으로 과세 여부를 판단할 수 있다'는 것이다. 즉, 원칙은 비과세이되 실질이 저축성에 가깝다고 판단되면 과세 대상이 될 수 있다는 의미다. 따라서 단기납 종신보험을 절세 수단으로 활용하려면, 납입 구조와 계약 조건을 세심하게 설계해야 하며, 상속세·증여세와 연계한 구조까지 고려해야 한다.

달러보험과 외화자산의 절세 효과

글로벌 금융시장 불안정성과 환율 변동성 속에서 달러보험은 고액 자산가들의 관심을 집중시키고 있다. 달러보험의 매력은 크게 세 가지다.

첫째, 환차익 비과세이다. 달러보험에서 발생하는 환차익은 보험금 수령의 일부로 간주되어 소득세 과세 대상이 되지 않는다. 같은 외화자산인 달러예금이나 해외주식의 환차익이 과세되는 것과 큰 차이가 있다.

둘째, 이자소득 비과세 요건 충족이다. 소득세법 시행령 제25조에 따라 10년 이상 유지, 월 150만 원 이하 균등납입, 일시납 1억 원 이하 요건을 충족하면 달러보험의 이자소득 역시 비과세된다.

셋째, 사망보험금 비과세이다. 달러종신보험처럼 사망보장이 포함된 경우, 계약 구조를 적절히 설정하면 사망보험금 역시 상속세 과세 대상에서 제외될 수 있다. 이처럼 달러보험은 단순한 보장이 아니라 외화자산 분산과 절세 효과를 동시에 추구할 수 있는 상품이다.

종신보험을 활용한 상속세 절세 전략

종신보험은 상속세 납부 재원을 마련하는 데 있어 현실적으로 가장 효과적인 수단이다. 상속세는 사망일로부터 6개월 내 현금으로 납부해야 하는데, 부동산 비중이 높은 경우 자산을 급매하거나 대출에 의존해야 하는 상황이 빈번하다. 종신보험의 사망보험금은 즉시 유동성을 제공해 이러한 문제를 해결한다.

그러나 절세 효과의 핵심은 계약 구조에 있다. 부모가 계약자·피보험자이고 자녀가 수익자인 경우, 부모가 보험료를 납입했다면 사망보험금은 부모의 상속재산으로 포함된다. 반대로 자녀가 계약자이자 수익자이고, 부모를 피보험자로 하여 자녀가 보험료를 실제 납입했다면 사망보험금은 상속세 과세 대상에서 제외된다.

경제적 능력이 부족한 자녀에게는 증여세 공제 한도 내에서 자금을 증여하고, 자녀가 그 자금으로 보험료를 납입하는 방식도 활용 가능하다. 더 나아가 조부모-자녀-손주 세대를 연결하는 다층적 계약 구조를 통해 종신보험은 장기적인 가문 자산 승계 전략으로 발전할 수 있다.

보험은 단순한 보장을 넘어 세금 관리와 자산 승계의 핵심 축이다. 보장성 보험 세액공제, 연금저축과 IRP를 통한 노후 절세, 저축성 보험과 종신보험의 비과세, 달러보험의 환차익 비과세, 그리고 종신보험의 상속세 절감 효과까지. 보험은 각기 다른 생애 주기와 재무 상황에서 다양한 절세 전략을 제공한다.

그러나 중요한 것은 세법이 정한 요건을 충족하는 방식으로 가입해야 한다는 점이다. 계약 구조, 납입 방식, 수익자 지정 등에 따라 과세 여부는 크게 달라질 수 있으며, 단순히 상품의 형태만으로 절세가 보장되는 것은 아니다. 따라서 보험을 절세 수단으로 활용하고자 한다면 반드시 전문가와 상담을 통해 맞춤형 전략을 수립해야 한다.

보험은 본질적으로 위험 대비의 수단이지만, 동시에 합법적인 세금 절감의 길이 될 수 있다. 인생 전반에 걸쳐 세금을 줄이고 자산을 지키며, 노후와 상속까지 준비할 수 있는 유연한 도구가 바로 보험이다. 결국 보험을 어떻게 활용하느냐에 따라, 보장은 물론 절세와 자산 승계까지 아우르는 종합 재무 전략의 완성도가 달라질 것이다.

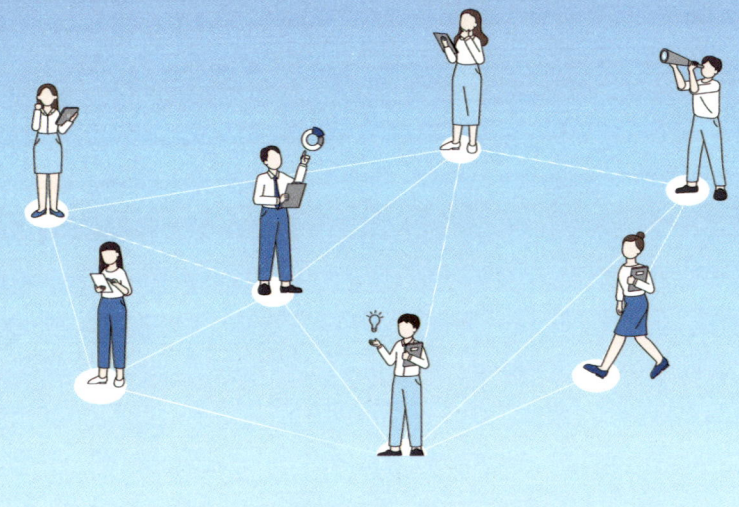

보험과 세금
방시화의 시선

비과세 보험으로 지키는 자산 관리법!

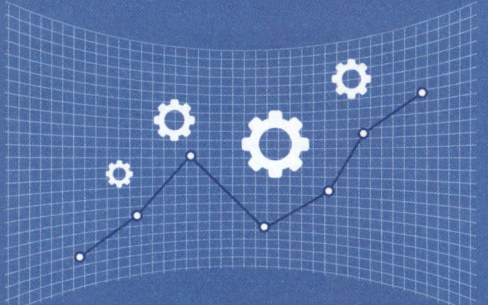

방시화

- D.O금융사업단 파트장
- NBN TV '보험 불만 제로' 출연
- 달러전문가 과정 수료
- 증여/상속전문가 과정 수료
- 사내 강사 활동, 테마강의 진행
- 연도 대상 등 수상경력 다수
- 1:1 맞춤 솔루션 제공

저자는 보험을 위험 대비를 넘어, 세금을 줄이고 자산을 키우는 전략적 도구로 바라본다. D.O금융사업단 파트장으로 활동하며 달러·증여·상속 분야의 전문 과정을 수료했고, NBN TV '보험 불만 제로' 출연과 사내 강의 활동을 통해 대중과 업계 모두와 소통해왔다.

연도 대상 등 다수의 수상 경력이 입증하듯 실전에서 검증된 전문가다. 특히 고객 상황에 맞춘 1:1 맞춤 솔루션을 제공하며, 보험이 단순한 금융상품이 아니라 삶과 가족의 미래를 지키는 든든한 동반자임을 증명해왔다.

이 글을 시작하며

보험은 삶을 지키는 가장 오래된 지혜

보험은 단순한 위험 대비를 넘어, 오늘날 가장 현실적인 절세 전략으로 자리 잡았다. 세금을 줄이고 소득을 지키는 금융상품으로서의 역할은 자산관리와 은퇴설계에서 핵심적이다.

연말정산 세액공제, 연금저축·IRP의 세제혜택, 저축성 보험의 비과세 구조는 근로자와 자산가 모두에게 기회를 제공한다. 종신보험은 상속과 승계 재원이 되고, 단기납 상품은 절세형 자산으로 활용된다. 이처럼 보험은 세금을 줄이고 미래를 설계하는 전략적 도구다.

그러나 모든 보험이 같은 효과를 주는 것은 아니다. 가입 시기와 납입 방식, 유지 기간, 계약 구조에 따라 과세 여부가 달라지며, 국세청 해석에 따라 과세 대상이 될 수도 있다. 따라서 상품 구조와 세법 조건을 이해하고 장기적 관점에서 접근해야 한다.

이 책은 보험을 통해 위험을 관리하고 세금을 줄이며 자산을 키워가는 방법을 다룬다. 보험이 단순한 대비책이 아니라, 삶 전체를 설계하는 금융 전략임을 보여줄 것이다.

PART 1
보험은 위험 대비와 절세를 동시에 실현할 수 있는 금융상품이다

보험은 예상치 못한 사고나 질병 등 위험에 대비하는 든든한 수단일 뿐만 아니라, 연말정산 시 소득세를 줄이거나 비과세 혜택을 통해 금융소득 과세를 피할 수 있는 절세 전략의 도구이기도 하다. 보험을 활용한 절세 효과는 크게 보장성 보험의 세액공제, 세제적격 연금상품의 세액공제, 저축성 및 보장성 보험의 보험차익 비과세 혜택으로 나뉜다.

보장성 보험을 통한 연말정산 혜택

보장성 보험에 대한 세액공제는 근로소득자에게만 적용되는 제도이다. 연간 납입 보험료 100만 원 한도 내에서 12%의 세액공제를 받을 수 있으며, 장애인 전용 보험일 경우에는 15%까지 공제가 가능하다. 예를 들어, 연간 100만 원을 납입한 경우 세액공제로 12만 원, 지방세 환급분까지 포함해 총 13만 2천 원의 세금을 절감할 수 있다.

이 세액공제는 계약자 기준으로 가입한 자동차 보험, 종신 보험, 정기 보험, 통합 건강보험 등이 해당되며, 대부분의 근로자는 이러한 보험을 이미 필수적으로 가입하고 있기 때문에 사실상 연 100만 원 한도 내 세액공제를 실질적으로 적용받고 있는 상황이라고 볼 수 있다.

보장성 보험 세액공제는 2014년부터 소득공제에서 세액공제로 전환되어 소득 수준과 관계없이 동일한 금액 기준으로 공제 혜택이 주어지도록 변경되었다. 이 제도 개편은 과거 고소득자에게 유리하던 방식의 불균형을 개선한 것이다.

[보장성 보험 세액공제 제도 변화]

- 2013년 까지: 소득공제 (고소득자에게 유리)
- 2014년 이후: 세액공제 (소득 구간과 무관하게 동일 공제 금액)

연금저축과 IRP는 세제혜택과 노후준비를 동시에 실현할 수 있다

세제적격 연금상품, 즉 연금저축보험이나 IRP(개인형 퇴직연금)는 노후 준비와 절세를 함께 달성할 수 있는 대표적인 상품이다. 2025년 기준으로 연금저축보험은 연간 최대 600만 원까지, IRP와 합산하면 최대 900만 원까지 세액공제가 가능하다.

공제율은 종합소득 4,500만 원 이하 또는 총 급여 5,500만 원 이하의 경우 16.5%, 그 이상일 경우에는 13.2%가 적용된다. 예를 들어, 연봉이 4,000만 원인 근로자가 연금저축보험에 600만 원을 납입했다면, 99만 원의 세금을 환급받을 수 있다.

다만 이와 같은 공제 혜택을 받기 위해서는 연금 수령 시기를 만 55세 이후로 설정하고, 10년 이상 연금 형태로 수령해야 하며, 중도 해지 시에는 기타소득세 16.5%가 부과되는 불이익이 발생한다. 또한 연간 납입 한도를 초과하는 금액에 대해서는 세액공제가 적용되지 않는다.

[연금저축의 세제 조건 체크리스트]

- ☑ 만 55세 이후 수령
- ☑ 10년 이상 연금 형태 유지
- ☑ 중도 해지 시 기타소득세 16.5% 부과
- ☑ 납입 한도 초과분은 세액공제 제외

저축성 보험은 비과세 혜택을 통해 이자소득세를 절감할 수 있다

저축성 보험은 조건을 충족하면 이자소득세 없이 수익을 누릴 수 있는 대표적인 비과세 금융상품이다. 특히 2017년 4월 1일 이후 가입한 상품은 월 평균 납입액이 150만 원을 넘지 않아야 하며, 5년 이상 납입하고 10년 이상 유지해야 비과세 혜택이 적용된다. 이 경우 계약자 기준으로 1인당 비과세 한도는 최대 1억 원이다.

[저축성 보험 비과세 조건]

조건	기준
월 평균 납입한도	150만 원 이하
최소 납입 기간	5년 이상
유지 기간	10년 이상
비과세 적용 한도	1억 원 (계약자 기준)

이러한 조건은 가입 가능한 가족 구성원 명의로 분산 가입할 경우 더욱 큰 절세 효과를 얻을 수 있다. 비과세 한도는 연간 1,800만 원이며, 10년 유지 시 총 1억 8천만 원, 50년 유지 시에는 9억 원까지 비과세 혜택을 누릴 수 있는 구조이다. 따라서 가능한 빠르게 가입할수록 비과세 누적 한도에서 유리하며, 세제 변경 위험도 최소화할 수 있다.

보험은 단지 위험을 대비하는 수단을 넘어, 노후 대비와 세금 절감이라는 두 가지 목적을 동시에 충족시킬 수 있는 금융 전략이다. 특히 보장성 보험과 저축성 보험을 잘 조합하고, 가족 구성원의 명의를 활용해 가입을 분산하며, 추가 납입 기능까지 적극 활용한다면, 세금 부담은 줄이고 자산은 더욱 효율적으로 키울 수 있다.

　이러한 혜택은 보험의 종류, 가입 시기, 납입 방식 등 다양한 요소에 따라 달라지므로, 구체적인 상황에 맞는 설계가 필요하다. 따라서 절세 효과를 최대화하고 위험 없이 활용하기 위해서는 보험 전문가와의 충분한 상담을 통해 계획적으로 접근하는 것이 바람직하다.

PART 2
성공적인 자산관리를 위한
비과세 보험 100% 활용 전략

　대한민국의 인구 고령화는 점점 가속화되고 있으며, 이에 따라 건강보험료, 국민연금, 소득세 등 국민의 조세 부담 역시 함께 증가하고 있다. 특히 고령자나 자산가일수록 금융소득 종합과세와 건강보험료 부과 기준에서 자유로울 수 없기 때문에 소득 노출을 최소화하면서 자산을 이전하거나 증식할 수 있는 방안이 절실하다. 이 시점에서 비과세 저축성 보험은 소득 분산과 절세 효과를 동시에 기대할 수 있는 강력한 수단이 된다.

비과세 저축성 보험, 계약자 기준으로 적용

현재 비과세 저축성 보험에 적용되는 요건은 2017년 4월 1일 이후로 크게 강화되었다. 구체적으로는 다음과 같다.

- 월 보험료 150만 원 이하
- 5년 이상 납입, 10년 이상 유지
- 일시 납입 총액은 1억 원 이하

해당 조건을 충족하면 이자소득세(15.4%)가 비과세가 적용된다.

여기서 가장 핵심적인 점은 비과세 한도가 '계약자 기준'으로 적용된다는 점이다. 따라서 같은 보험상품이라도 가족 단위로 명의를 분산하여 여러 계약을 체결하면 비과세 한도를 획기적으로 확장할 수 있다.

[가족 구성원별 비과세 보험 명의 분산 전략]

예를 들어, 부모가 아닌 자녀나 배우자 명의로도 보험을 가입하게 되면 각 명의마다 연간 1,800만 원씩 비과세 한도가 새롭게 발생하며, 이는 곧 가족 전체의 금융소득 종합과세 리스크를 분산시키는 효과를 가져올 수 있다. 특히 자녀가 아직 미성년자일 경우 증여세 공제 한도 내에서 자금을 증여한 후 자녀 명의로 보험에 가입하면, 증여와 절세, 자산 증식이라는 세 마리 토끼를 동시에 잡을 수 있는 전략이 된다.

비과세 저축 보험, 빨리 가입할수록 유리한 이유

　비과세 보험 한도는 계약자 1인당 연간 1,800만 원까지의 납입 금액이 비과세 혜택을 볼 수 있으며, 이를 10년 유지하면 총 1억 8천만 원의 보험금에 대해 비과세가 가능하다. 이 기준을 50년 단위로 보면 최대 9억 원까지의 자산이 과세 없이 이전될 수 있는 셈이 된다.

　따라서 비과세 저축 보험은 빨리 가입하면 할수록 한도는 계속 늘어난다고 볼 수 있다. 또한 현행 비과세 혜택은 2017년 4월에 개정된 내용으로 세제 측면에서 정부의 재량에 따라 언제든지 축소되거나 변경될 수 있다. 이 때문에 비과세 보험은 하루라도 빨리 가입하는 것이 절세 전략상 유리하다.

비과세 저축 보험, 빨리 가입할수록 유리한 이유

　또한 보험 상품의 대부분은 '정해진 계약 보험료' 외에도 '추가 납입' 기능을 통해 자율적으로 더 많은 금액을 불입할 수 있는 구조를 갖고 있다. 일반적으로 저축성 보험은 기본 보험료의 최대 200%까지 추가 납입이 가능하며, 이 추가 납입 역시 비과세 요건 범위 내에서는 전액 비과세 수익으로 운용될 수 있다. 예를 들어, 연 600만 원의 보험료로 설계된 상품에 연 1,200만 원까지 추가 납입이 가능하다면, 연간 최대 1,800만 원까지 보험을 통해 비과세 자산을 운용할 수 있다는 뜻이다.

[비과세 저축성보험 납입 한도 및 구조]

항목	금액	설명
기본 보험료	연 600만 원	계약 시 설정한 정기납 보험료
추가납입 가능액	연 1,200만 원	기본 보험료의 최대 200%까지 자율적으로 납입 가능
연간 총 납입 가능	연 1,800만 원	비과세 저축성보험의 최대 납입 한도 (과세 없이 자산 운용 가능)

추가 납입은 자유납 형태이므로, 자금 여유가 생기는 시점에 일시적으로 납입해도 무방하다. 다만 총 납입액이 연 1,800만 원을 넘지 않도록 조정하는 것이 중요하다. 이를 통해 비과세 저축성 보험은 단순히 '가입만 하는 상품'이 아니라, 자금 흐름에 따라 융통성 있게 활용할 수 있는 고효율 비과세 플랫폼으로 자리 잡을 수 있다.

비과세 저축성 보험은 '계약자 기준 비과세 한도'라는 점을 적극 활용해야 최대 효과를 낼 수 있다. 가입 가능한 가족 구성원 명의로 분산 가입하여 각각 연 1,800만 원 한도를 확보하고, 각 보험 계약에서 추가 납입 기능을 활용하면 단일 가구에서도 수억 원대의 자산을 세금 없이 운용할 수 있다.

현행 세제 구조하에서 유일하게 금융소득세, 건강보험료, 상속세 등 여러 세금을 동시에 피할 수 있는 수단이 바로 저축성 비과세 보험이며, 세금 부담이 점차 높아지고 있는 시대에는 세후 수익률 관리와 세금 절감 전략이 곧 자산 관리의 성패를 좌우하는 시대이다. 따라서 지금 이 순간부터라도 비과세 보험 상품의 구조를 이해하고, 전략적으로 설계하고, 추가 납입까지 적극 활용하는 자산 포트폴리오 구축이 필요하다. 이는 단순한 보험 가입이 아니라, 장기적인 부의 축적을 위한 필수적인 금융 전략이 되어야 한다.

PART 3
비과세 저축을 고려해야 하는 이유

은퇴 후에는 소득이 줄어들 뿐만 아니라 건강보험료 부담이 커질 수 있기 때문에, 단순히 지출을 줄이는 것만으로는 부족하며 보다 전략적인 자산 관리가 필요하다. 특히 국민건강보험 제도는 소득이 없거나 적은 사람에게 유리한 구조를 가지고 있어, 피부양자 자격 유지 여부가 은퇴자의 건보료 부담을 좌우하는 핵심 요소가 된다.

건강보험 피부양자는 직장가입자의 가족 중 일정 요건을 충족한 사람에게 부여되는 자격으로, 별도의 보험료 부담 없이 건강보험 혜택을 받을 수 있다. 하지만 금융소득이 연 1,000만 원을 넘거나, 총소득이 연 2,000만 원을 초과하거나, 일정 수준 이상의 재산을 보유하면 피부양자 자격에서 탈락하여 지역가입자로 전환되고, 매달 수십만 원의 건보료를 본인이 직접 부담해야 하는 상황이 발생한다.

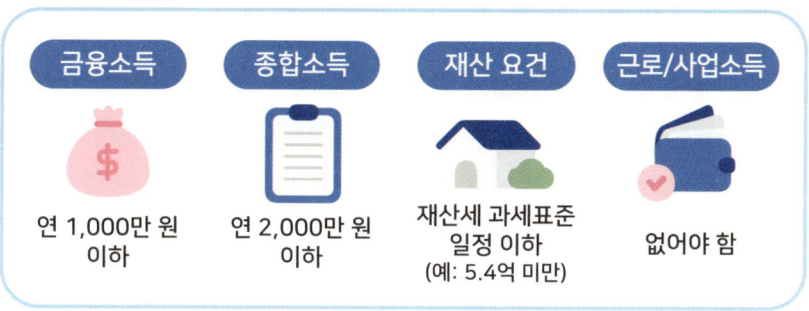

[건강보험 피부양자 자격 요건]

이러한 부담을 줄이기 위한 현실적인 방법으로 비과세저축의 활용이 매우 유효하다. 비과세저축은 이자나 배당에 대해 15.4%의 세금이 부과되지 않으며, 발생한 소득이 건강보험료 산정 기준에도 반영되지 않기 때문에 피부양자 자격을 유지하는 데 실질적인 도움이 된다. 일반 저축은 이자소득이 건보료 산정 소득으로 포함되어 1,000만 원 초과 시 피부양자 자격을 잃을 수 있지만, 비과세저축은 소득으로 인정되지 않아 자격 유지가 가능하다.

[저축 방식에 따라 달라지는 건보료 부담]

항목	일반 저축	비과세 저축
이자소득세	15.4% 부과	0% (비과세)
건보료 산정 반영	포함됨 → 피부양자 탈락 위험 있음	포함 안 됨 → 피부양자 자격 유지 가능
대표 상품 예시	일반 예적금, 과세형 보험	저축성 보험, ISA, 연금저축 등

특히 은퇴 후 금융소득 비중이 커지는 고령자일수록 비과세 상품의 중요성이 더욱 커진다. 저축성 보험, ISA, 연금저축, 개인연금보험 등은 각각의 세제 혜택과 함께 건보료 절감 효과까지 기대할 수 있는 대표적인 상품이다. 이 중에서도 저축성 보험은 장기간 유지 시 비과세 혜택이 적용되며, 발생 소득이 건보료 산정에서 제외되므로 은퇴 설계에 적합하다. ISA와 연금저축/IRP는 이자·배당소득에 대한 비과세 또는 분리과세 혜택과 함께 연말정산 소득공제도 받을 수 있어 다방면의 절세 효과를 제공한다.

은퇴 후 건보료 부담을 줄이기 위해서는 소득을 숨기거나 줄이기보다는, 비과세저축과 절세 상품을 합리적으로 활용하는 전략이 필요하다. 이는 단순한 절세를 넘어, 피부양자 자격을 안정적으로 유지하며 경제적 여유를 지킬 수 있는 현명한 방법이다. 은퇴 전에 비과세저축을 미리 준비하고 실행한다면 보다 안정된 노후를 설계할 수 있다.

PART 4
단기납 종신보험의 함정과 활용법

종신보험의 비과세 원칙

종신보험은 사망 보장을 주 목적으로 하는 보장성 보험이다. 「소득세법 시행령」 제 25조에 따르면 보장성 보험에서 발생하는 보험금이나 해지 환급금은 과세하지 않는다. 다만, 납입 보험료 대비 해지 환급금이 높은 저축성 보험의 경우에는 일정 요건을 충족해야만 비과세 혜택이 적용된다.

비과세 요건은 다음과 같다.

구분	요건
계약 유지 기간	계약일로부터 10년 이상 유지
월 적립식	5년 이상 균등 납입
정기납	월 150만 원 이하 균등 납입
일시납	1억 원 이하 한도

이 조건을 충족하는 종신보험은 보험차익에 대해 비과세 혜택을 받을 수 있으며, 상속 설계나 절세 포트폴리오 구성에서도 활용된다.

단기납 종신보험, 보장인가 저축인가?

최근 몇 년간 시장에서 주목을 받은 상품이 단기납 종신보험이다. 7년, 10년과 같이 짧은 기간 동안 보험료를 납입하고 이후 평생 보장을 유지하는 구조로, 해지 환급률이 120% 이상인 상품들이 출시되면서 소비자들의 관심을 끌었다.

단기납 종신보험은 원금 대비 환급률이 높아 저축성 보험처럼 보이기도 한다. 소비자 입장에서는 보장 기능과 저축 기능, 절세 효과까지 모두 기대할 수 있는 것으로 인식되기 쉽다. 그러나 이로 인해 논란도 발생했다. 형식은 종신보험이지만, 실제 구조는 저축성 상품에 가깝다고 판단될 수 있기 때문이다.

정부의 유권 해석

이와 관련해 기획재정부는 2024년 7월 공식적으로 다음과 같은 입장을 밝혔다. "단기납 종신보험은 보험 형식상 보장성 보험으로 비과세가 원칙이다. 다만 고환급률 등으로 저축성 성격이 짙은 경우 국세청이 개별적으로 과세 여부를 판단할 수 있다."

즉, 단기납 종신보험은 원칙적으로 비과세 혜택을 적용받는다. 하지만 모든 상품이 일률적으로 해당되는 것은 아니며, 고액 납입이나 과도한 해지 환급률 구조를 가진 경우 과세 당국이 저축성 보험으로 재분류할 수 있다. 결국 과세 여부는 상품의 구체적 구조와 납입 방식, 환급률에 따라 달라질 수 있다.

절세 전략으로 활용 시 고려 사항

단기납 종신보험은 절세형 금융상품으로 각광받았지만, 실제로 절세 전략으로 활용하기 위해서는 몇 가지 요소를 반드시 검토해야 한다.

1. 납입 한도의 점검

정기납 보험료가 월 150만 원을 초과하면 비과세 요건을 충족하지 못한다. 또한 단기에 수억 원을 일시납하는 구조라면 저축성 보험으로 간주되어 과세 통보를 받을 수 있다. 따라서 고액 납입을 고려할 경우 반드시 세법상 한도를 점검해야 한다.

[비과세 한도 초과 시 과세 가능성 체크포인트]

- ☑ 월 150만 원 초과 정기납은 비과세 제한 가능성
- ☑ 일시납 1~3억 원 이상일 경우 과세 판단 대상
- ☑ 보험차익 과세 여부는 국세청이 실질 판단

2. 계약 구조의 명확성

보험 계약 구조 또한 세금 문제에 직결된다.

- ● 계약자 = 보험료 납입자
- ● 수익자 = 계약자
- ● 피보험자 = 피상속인

위 구조를 지켜야 피보험자 사망 시 사망 보험금이 상속재산에 포함되지 않는다. 반대로 계약자와 수익자가 다르거나, 수익자가 피상속인으로 설정될 경우 상속세 또는 증여세 문제가 발생할 수 있다. 따라서 단기납 종신보험은 비과세 요건뿐 아니라 상속·증여세 구조까지 종합적으로 고려해야 한다.

[보험 계약 구조에 따른 과세 위험 비교]

바람직한 계약 구조

· 계약자 = 수익자 = 자녀 / 배우자

· 피보험자 = 피상속인

· 사망보험금 상속재산 미포함

문제 발생 가능 구조

· 수익자 ≠ 계약자 or 피상속인

· 수익자 = 피상속인 → 증여세 발생 가능

· 상속세 또는 증여세 과세 가능성

단기납 종신보험 활용과 세법상 유의 사항

단기납 종신보험은 고환급률과 짧은 납입 기간이라는 특성을 통해 절세 전략으로서 매력이 있다. 특히 상속세 재원 마련이나 가업 승계 구조 설계에 활용될 수 있다는 점에서 유용하다. 하지만 비과세 여부가 단순히 상품 이름만으로 결정되지 않는다는 점을 반드시 기억해야 한다.

상품의 납입 방식, 환급률 구조, 계약 형태에 따라 과세 여부가 달라질 수 있고, 경우에 따라 국세청의 세무 조사 대상이 될 수도 있다. 따라서 단기납 종신보험을 단순히 '비과세 절세 상품'으로만 인식하는 것은 위험하다.

단기납 종신보험은 원칙적으로 비과세 대상이지만, 고액 납입과 고환급률 구조로 인해 과세 위험이 존재한다. 따라서 절세 전략으로 활용할 때는 반드시 세법 요건과 계약 구조를 면밀히 검토해야 한다. 나아가 상속세·증여세와의 연계성까지 고려해야 안전하다.

결국 단기납 종신보험의 가치는 상품 자체보다는 어떻게 설계하고 운영하느냐에 달려 있다. 비과세 혜택을 안정적으로 누리려면, 단순한 상품 가입을 넘어 종합적인 재무 설계와 전문가의 자문이 필수적이다.

PART 5
과세 확대 흐름과 비과세 전략

예전에는 투자상품 중 상당수가 비과세 혜택을 누릴 수 있었다. 대표적으로 예금·적금 이자나 일부 금융상품의 이익은 일정 한도 내에서 세금을 매기지 않았고, 주식 투자 역시 소액 주주는 매매 차익에 과세하지 않았다. 그러나 최근 몇 년간의 흐름을 보면, 점차 투자상품에 대한 과세 범위가 넓어지고 있다는 사실을 알 수 있다.

정부는 당초 2025년부터 금융 투자소득세를 도입해 주식·채권·펀드·파생상품 전반의 수익을 통합적으로 과세하려 했으나, 투자 위축 우려로 최종 폐지하였다. 그러나 이는 세제 변화 논의가 끝났다는 의미가 아니다. 현재도 주식의 경우 대주주 요건을 충족하면 양도 차익에 과세되고 있으며, 비상장 주식·채권·펀드 수익에는 이미 이자소득세나 배당소득세가 적용되고 있다. 해외 주식 역시 양도소득세 대상이며, 가상 자산 역시 2027년부터 과세될 예정이다.

또한 최근 각광받고 있는 조각 투자상품(예: 부동산 쪼개기 투자, 조각 신탁 등) 역시 과거에는 제도권 과세 사각지대에 있었지만, 이제는 배당소득세나 양도소득세 등의 형태로 과세 근거가 마련되고 있다. 이처럼 과거에 비과세였던 영역들이 하나둘씩 과세 체계 안으로 편입되고 있으며, 세법 개정 논의는 경기 상황이나 조세 형평성 이슈에 따라 언제든 다시 부상할 수 있다.

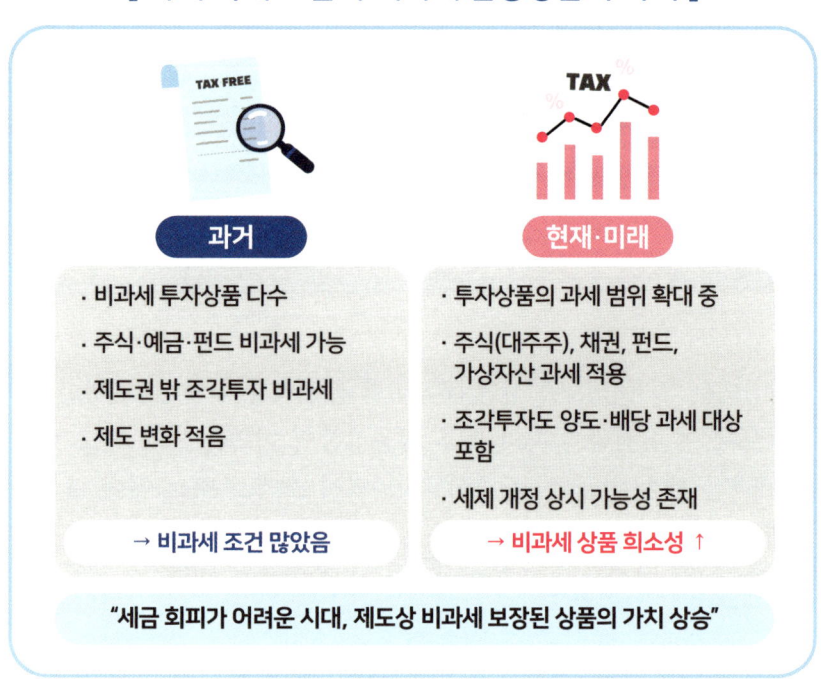

[과세 확대 흐름과 비과세 금융상품의 가치]

이러한 현실은 앞으로 개인이 투자로 벌어들이는 수익 대부분이 세금이라는 변수에 직면할 수 있음을 보여준다. 기조적으로는 과세 확대 흐름을 피할 수 없다. 따라서 확실하게 비과세 혜택이 보장되는 금융상품의 가치는 앞으로 더 커질 수밖에 없다.

특히 비과세 저축보험은 세법상 명확하게 규정된 비과세 요건을 충족하는 한, 어떠한 정책 변화에도 흔들리지 않고 안정적인 비과세 혜택을 누릴 수 있다. 이는 장기간 자산을 축적해야 하는 은퇴 자금 마련에 있어 다른 어떤 투자상품보다도 유리한 안전장치가 된다. 결국 비과세 통장의 진정한 의미는 단순한 절세 수단을 넘어, 미래의 불확실한 세제 환경 속에서 자산을 지켜내는 방패인 것이다.

비과세 저축보험, 지금 시작해야 하는 이유
비과세는 만든 시점의 기준이 적용된다

비과세 저축보험의 가장 큰 장점 가운데 하나는 비과세 요건이 가입 시점의 기준으로 확정된다는 점이다. 이는 단순한 규정의 차이가 아니라, 장기적인 자산 관리 전략에 있어 매우 중요한 의미를 가진다.

세법은 시대와 정책 환경에 따라 변한다. 실제로 한국에서도 과거에는 저축성 보험이나 금융상품에 대한 비과세 한도가 훨씬 넉넉했다. 그러나 시간이 지나면서 한도가 점점 줄어들고, 조건이 까다로워졌다. 과거에는 월 수백만 원 이상 납입해도 비과세 혜택을 받을 수 있었지만, 현재는 월 150만 원, 연 1,800만 원 한도로 제한되고 있다. 즉, 점점 정부는 비과세 혜택의 문을 좁혀 가고 있는 것이다.

하지만 중요한 사실은, 제도가 바뀌더라도 기존 가입자에게는 소급 적용되지 않는다는 점이다. 예컨대 2010년에 비교적 높은 비과세 한도로 가입한 사람들은 지금도 그 조건을 유지한 채 비과세 혜택을 받고 있다. 이는 마치 '당시의 제도를 영구적으로 확보한 것'과 같다. 반대로 제도가 바뀐 이후에 가입한 사람들은 더 제한적인 조건 속에서 비과세를 누릴 수밖에 없다.

이 점에서 비과세 저축보험은 빠를수록 유리하다. 지금의 조건이 언제까지 유지될지 알 수 없기 때문이다. 실제로 세법 개정은 한순간에 이루어지며, 대부분의 경우 소비자에게 불리하게 바뀌는 경우가 많다. 따라서 현재의 조건이 유리하다면 서둘러 가입해 두는 것이 현명하다. 이는 일종의 '재정적 안전자산'을 확보하는 행위와 같다.

보험사의 추가납입 제도와 비과세의 극대화

비과세 저축보험의 두 번째 강점은 추가납입 제도다. 일반적으로 보험사의 저축성 상품은 기본 보험료의 최대 200%까지 추가로 납입할 수 있는 구조를 갖추고 있다.

예를 들어 보자. 기본 보험료로 1억 원을 납입했다고 가정하자. 이 경우 추가납입 제도를 활용하면 2억 원까지 더 넣을 수 있다. 즉, 총 3억 원을 비과세 혜택 아래 운용할 수 있는 것이다. 만약 같은 금액을 은행 예금이나 펀드에 투자했다면 이자소득세 15.4% 혹은 종합 과세 대상이 될 수 있다. 하지만 저축성 보험을 활용하면 세금 없이 전액을 보존할 수 있다.

이 추가납입 제도는 단순히 한도를 넓히는 것을 넘어, 자산 포트폴리오 전체를 세후 기준에서 최적화하는 데 큰 역할을 한다. 고액 자산가들은 물론이고, 안정적인 노후 자금을 원하는 일반 가계에게도 비과세 저축보험이 단순한 '통장'이 아니라 전략적 자산 관리 도구가 될 수 있음을 보여주는 사례다.

또한 추가납입은 상황에 따라 탄력적으로 운영할 수 있다. 여유 자금이 생길 때는 추가납입을 통해 비과세 한도를 극대화하고, 자금 사정이 빠듯할 때는 기본 보험료만 유지하면서 유연하게 대응할 수 있다. 이런 점에서 추가납입 제도는 단순히 세제 혜택을 넘어, 유연한 자산 운용 기능을 제공한다고 볼 수 있다.

유니버설 기능: 유동성과 비과세의 결합

[비과세 저축보험의 3대 핵심 기능]

　추가납입의 가치를 더 높여 주는 기능이 바로 유니버설 기능이다. 유니버설 기능은 쉽게 말해 보험의 입·출금 유연성을 의미한다. 즉, 일정 요건을 충족하면 추가납입한 금액을 중도에 인출할 수 있다.

　이 기능은 두 가지 점에서 중요하다. 첫째, 비과세 혜택을 받는 자산이 단순히 '묶여 있는 돈'이 아니라는 점이다. 필요할 때 언제든 인출이 가능하므로, 갑작스럽게 자금이 필요해도 활용할 수 있다. 예컨대 자녀 교육비, 주택 자금, 긴급 의료비 등 예상치 못한 상황에서 유니버설 기능은 중요한 역할을 한다.

　둘째, 장기 운용과 유동성을 동시에 만족시킨다는 점이다. 대부분의 비과세 상품은 '오랫동안 묶어 두어야 한다'는 한계가 있다. 그러나 비과세 저축보험은 유니버설 기능 덕분에 장기 비과세와 단기 유동성을 동시에 확보할 수 있다. 이는 다른 금융상품과 확실히 차별화되는 강점이다.

　즉, 유니버설 기능은 비과세 저축보험을 단순한 절세 도구가 아니라, 실질적인 가계 재무 관리의 핵심 도구로 만들어 준다. 세금도 줄이고, 필요할 때는 자금을 꺼내 쓰면서도, 전체적으로는 장기 자산으로 안정적으로 불려 나갈 수 있는 것이다.

합리적이고 전략적인 선택

앞으로의 시대는 불확실성이 크다. 고령화로 인한 세금 부담 증대, 건강 보험료 증가, 투자상품 과세 확대 등은 모두 피할 수 없는 현실이다. 이런 상황에서 단순히 높은 수익률만 쫓는 것은 위험하다. 중요한 것은 얼마나 안정적으로 지킬 수 있는가이다.

비과세 저축보험은 바로 그 답이 된다. 첫째, 가입 시점의 조건이 평생 유지되므로 제도가 바뀌어도 안전하다. 둘째, 추가납입 제도를 활용하면 비과세 한도를 세 배까지 확대할 수 있다. 셋째, 유니버설 기능으로 언제든 자금을 인출할 수 있어 유동성까지 확보된다.

이러한 특징은 단순히 '좋은 금융상품'을 넘어, 불확실한 미래에 대응하는 전략적 자산 관리 수단으로 자리 잡는다. 즉, 비과세 저축보험은 재무 설계에서 단순한 선택지가 아니라 필수적 기반이 되어야 한다.

노후 준비에서 가장 중요한 질문은 '얼마나 많이 모을까'가 아니다. 진짜 중요한 질문은 '얼마나 안전하게 지킬 수 있을까'이다. 세금과 건강 보험료라는 보이지 않는 비용은 우리의 자산을 잠식할 수 있다. 더구나 투자상품에 대한 과세 범위가 확대되는 현실을 감안하면, 세후 수익을 안전하게 확보하는 전략은 점점 더 절실해진다.

비과세 저축보험은 이런 점에서 강력한 해답이다. 빠르게 시작할수록 유리하고, 추가납입을 통해 한도를 확장할 수 있으며, 유니버설 기능 덕분에 필요할 때는 언제든 자금을 활용할 수 있다. 무엇보다도, 가입 시점의 비과세 조건이 그대로 적용된다는 점은 다른 어떤 금융상품에서도 찾기 어려운 확실한 장점이다.

[왜 지금 비과세 저축보험을 시작해야 하나]

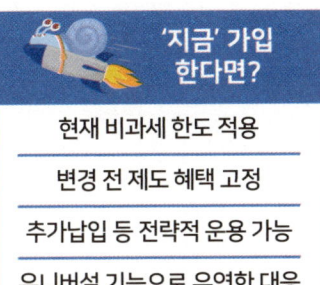

'지금' 가입 한다면?
- 현재 비과세 한도 적용
- 변경 전 제도 혜택 고정
- 추가납입 등 전략적 운용 가능
- 유니버설 기능으로 유연한 대응
- 세후 수익률 극대화

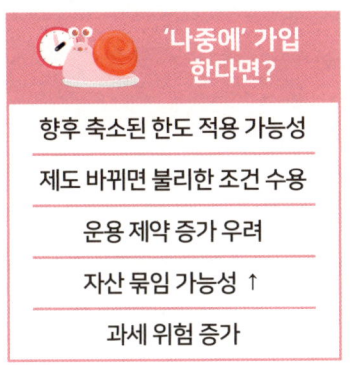

'나중에' 가입 한다면?
- 향후 축소된 한도 적용 가능성
- 제도 바뀌면 불리한 조건 수용
- 운용 제약 증가 우려
- 자산 묶임 가능성 ↑
- 과세 위험 증가

앞으로의 시대, 비과세 저축보험은 단순한 절세 수단이 아니라 노후 재정의 안전망이자, 불확실한 경제 환경에 대비하는 가장 합리적이고 전략적인 선택이다. 지금의 작은 결정이 20년, 30년 후의 삶을 지켜내는 가장 큰 자산이 될 것이다.

보험과 세금
이보라의 시선

보험으로 준비하는 부의 이전법!

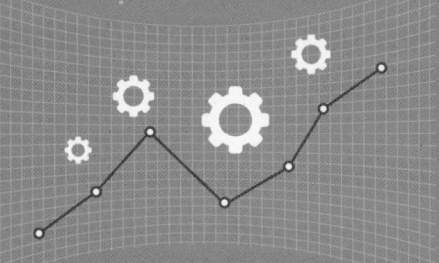

이보라

- RA(라)재무컨설팅 대표
- 78MOVE경영컨설팅그룹 이사
- 인카금융서비스 VIP총괄
  팀장 / 마케팅이사
- '보험불만제로',
  서울경제tv '인생설계 원픽' 출연

NAVER 블로그

https://blog.naver.com
/insu_borable

보험 인스타

www.instagram.com/
_borable

    저자는 개인 컨설팅 회사를 운영하는 대표이자 경영컨설팅 기업의 임원으로 재직하며, 보험회사의 명예이사로 활동하고 있다. 경영·재무·보험 분야에서 축적된 현장 경험과 분석적 통찰을 기반으로 실질적인 해결책을 제시하고 있으며, 강연과 사내 교육을 통해 후진 양성과 지식 확산에도 기여하고 있다.

    저자는 다년간의 업적을 통해 MVP 수상과 업계 1위 실적을 지속적으로 달성했으며, MDRT 등 국제적 네트워크에서도 전문성을 인정받아 활동 범위를 넓혀왔다. 또한 블로그와 인스타그램 등 다양한 디지털 플랫폼을 활용하여 대중과 교류하며, 전문 지식을 사회적 자산으로 확장하는 역할을 수행하고 있다. 그의 여정은 궁극적으로 사람과 사람을 연결하고, 함께 성장하는 길을 만들어가는 일로 이어지고 있다.

이 글을 시작하며

돈을 지키는 일은 곧 삶을 지키는 일

　상속은 단순히 재산을 남기는 게 아니라, 사랑과 책임, 그리고 나아가 삶의 방식을 전하는 과정이다. 따라서 얼마를 남기느냐 보다도 어떤 구조로 남기느냐에 더 중점을 두도록 권하고 싶다.

　보험은 이때 가장 현실적인 해법이 된다. 계약자·피보험자·수익자 설계에 따라 세금과 권리가 달라지고, 종신보험이나 연금보험은 보장을 넘어 상속세 재원 마련과 절세 전략으로 쓰인다. 부부나 부모·자녀 간 크로스 계약, 사전증여와 보험의 결합은 세금 부담을 줄이면서 사랑을 온전히 전하는 지혜가 된다.

　개인사업자에게도 보험은 절세와 위험관리를 동시에 가능하게 한다. 필요경비 처리, 소득 분산, 건강보험 자격 관리 등은 단순한 보장을 넘어 가정과 사업의 균형을 지켜준다.

　결국 보험은 재테크가 아니라 가족을 지키는 구조다. 암·뇌혈관·심혈관 진단비가 생활을 이어주고, 상속보험은 마지막 메시지가 되며, 연금보험은 자녀의 미래 기반이 된다. 준비한 가정은 위기 속에서도 다시 일어설 수 있다.

PART 1
상속설계

상속은 단순히 재산을 물려주는 일이 아니다.

그 안에는 가족에 대한 애정과 삶을 살아낸 방식,
그리고 다음 세대를 향한 배려가 함께 담겨야 한다.

그러한 의미를 제대로 담아내기 위해서는
재산의 이전을 넘어 마음까지 전할 수 있는 설계가 필요하다.

보험을 활용한 상속설계 전략

보험에 가입할 때 많은 사람들이 가장 먼저 살피는 것은 보장 내용이나 보험료 수준일 것이다. 그러나 실질적으로 보험을 계약하고 운영하는 과정에서 훨씬 더 중요한 것은 계약자, 피보험자, 수익자를 어떻게 지정하느냐 하는 구조적 설계가 필요하다. 보험 계약의 계약자, 피보험자, 수익자 3가지 권리 관계는 단순히 명의만 뜻하는 것이 아니라, 각기 법적 책임, 세금 부과, 보험금 수령 권한이 달라지기 때문에 보험의 핵심 구조를 결정짓는 중요한 요소로 작용한다.

[보험 계약 구조 핵심 3요소]

계약자
보험료 납입
보험 계약의 '주인',
세금 책임 있음

피보험자
보장 대상자
질병·사망 발생 시
보험금 지급 요건

수익자
보험금 수령
보험금 실제 수령자,
지정 안 하면 분쟁 위험

계약자, 피보험자, 수익자 세무적 의미

보험 계약자는 말 그대로 보험 회사와 계약을 체결하고 보험료를 실제로 납입하는 주체이다. 계약자는 보험을 해지하거나, 보장 내용을 변경하고, 보험금을 청구할 수 있는 법적 권리를 가진다. 단순히 '보험을 가입한 사람'이 아닌, 보험 계약 전체를 운영·관리할 수 있어 보험 계약의 주인 역할로 구분하기 때문에 계약자를 누구로 할 것인지는 세금적인 부분에서 매우 중요한 부분이 된다.

피보험자는 해당 보험에서 보장을 받는 대상자로, 사고, 질병, 사망 등이 발생했을 때 보험금 지급의 사유가 되는 사람이다. 피보험자가 미성년자거나 고령자인 경우에는 계약자와의 관계가 명확해야 하며, 그에 따른 법적·세무적 이슈가 함께 따라온다.

보험 수익자는 보험금이 실제로 지급될 때 이를 수령하는 사람이다. 사망 보험금의 경우 별도로 수익자를 지정하지 않으면 법정 상속인이 보험금 수령자가 되는데, 이 경우 가족 간의 분쟁 가능성이 높고, 지급 절차도 복잡해질 수 있다. 따라서 보험 계약 체결 시에는 수익자를 명확히 지정하고, 필요 시 계약서를 통해 변경 사항을 관리하는 것이 중요하다.

종신보험을 활용한 상속절세전략

종신 보험은 단순히 사망 보장을 위한 보험 상품이 아니다. 상속세 재원 마련은 물론, 절세 전략 수단으로도 매우 효과적인 도구가 될 수 있다. 위에서 언급한 계약자, 피보험자, 수익자 간의 권리자 구조를 어떻게 설정하느냐에 따라 세금 문제는 크게 달라진다.

종신 보험 가입 구조를 잘 설계하면 남은 가족에게 경제적 안정뿐 아니라 세금 부담까지 줄여줄 수 있는 지혜로운 재산 관리 수단이 될 수 있다.

[부부 크로스 계약 vs 자녀 크로스 계약]

항목	부부 크로스 계약	자녀 크로스 계약
계약자	배우자	자녀
피보험자	본인 또는 배우자	부모
수익자	보험료 납입자와 동일	자녀
절세 근거	상속세 과세 제외 (법 제8조)	상속세 과세 제외 (시행령 제8조)

1. 부부 크로스 계약 – 사랑하는 사람에게 세금 없이 물려주는 지혜

부부 크로스 계약은 남편과 아내가 서로를 피보험자로 지정하고, 자신이 계약자이자 수익자가 되어 각자의 소득으로 보험료를 납부하는 구조이다.

예를 들어, 남편이 피보험자이고 아내가 계약자 및 수익자인 종신 보험, 그리고 반대로 아내가 피보험자이고 남편이 계약자 및 수익자인 종신 보험을 각각 가입하는 것이다. 이때 가장 중요한 포인트는 보험료를 납입한 사람이 보험금 수익자와 동일해야 한다는 점이다.

이는 「상속세 및 증여세법」 제8조 내용에 따라, 보험료를 납입한 사람이 보험금 수익자와 동일한 경우 해당 보험금은 상속세 과세 대상에 포함되지 않는다.

즉, 남편이 사망하더라도 아내가 납입하고 수령하는 보험금은 남편의 상속 재산이 아니므로 상속세가 부과되지 않는다. 반대의 경우도 동일하게 적용된다.

다만, 보험료를 실제로 각자가 자신의 계좌에서 납입해야 하며, 급여 이체 계좌 등 객관적으로 '자신의 소득으로 납입했다'는 근거를 확보해 두는 것이 좋다. 혹시라도 배우자 통장에서 돈을 이체받아 납입하는 경우에는 증여세 문제가 발생할 수 있다.

2025년 기준 배우자 간 증여 재산 공제는 최대 6억 원까지 비과세가 적용된다. 하지만 종신 보험은 해지 환급금이 쌓이는 구조이기 때문에 계약 구조를 바꾸거나 보험금이 지급될 경우 증여세 이슈가 발생할 수 있으므로 사전에 전문가 상담이 필수이다.

2. 자녀 크로스 계약 – 부모의 사랑을 가장 현명하게 물려주는 방법

자녀 크로스 계약은 자녀가 계약자이자 수익자가 되고, 부모가 피보험자가 되는 구조로 운영된다. 이 계약은 상속세를 피하고 싶을 때 매우 효과적인 방식이다.

예를 들어, 연 소득이 5,000만 원인 자녀가 자신의 소득으로 매월 100만 원씩 보험료를 납입하며, 부모를 피보험자로 한 10억 원 종신 보험에 가입했다고 하자. 이후 부모가 사망하게 되면 지급되는 사망

보험금 10억 원은 자녀가 수익자로서 받게 되는데, 이때 이 보험금은 상속세 과세 대상이 아니다.

이는 앞서 설명한 바와 같이「상속세 및 증여세법 시행령」제8조에 근거하여, 보험료를 납입한 사람(자녀)과 보험금 수익자가 동일하다면 피보험자의 사망으로 인한 보험금도 상속 재산에 포함되지 않기 때문이다.

그러나 이 구조를 통해 절세 혜택을 받기 위해선 반드시 충족해야 할 조건이 있다.
● 자녀가 실질적으로 보험료를 납입할 경제적 능력이 있어야 한다.
● 그 능력을 입증할 수 있는 소득 증빙 서류(급여명세서, 근로소득원천징수영수증 등)를 갖추어야 한다.
● 단순히 부모가 자녀 계좌로 돈을 송금한 후 자녀 명의로 보험료를 납입하는 방식은 명목상 계약으로 간주되어 증여세가 부과될 수 있다. 다만 사회통념상 인정하는 기준의 금액은 증여세가 부여되지 않는다.

또한 자녀가 미성년자인 경우에는 위 구조를 세무상으로 인정받기 어렵고, 향후 보험료 납입 기간이 길어질 경우 납입 능력에 대한 정기적인 입증이 필요할 수 있으므로, 계약 시 자녀의 연령과 소득 상태를 충분히 고려해야 한다.

[자녀 크로스 계약 시 절세 요건 체크리스트]

☑ 자녀의 실질 소득 존재
☑ 소득 증빙 자료 구비
☑ 부모 계좌 송금은 증여세 대상
☑ 자녀가 미성년자일 경우 적용 불가
☑ 장기납입 시 소득 지속성 검토

지금 시작하는 미래 설계
- 사전증여와 종신보험 활용법

사전 증여는 부모가 자녀에게 재산을 미리 증여하여 상속 시점의 세금 부담을 줄이기 위한 대표적인 절세 전략이다. 특히 증여는 10년 단위로 자녀나 배우자 등 수증자별 공제 한도가 있기 때문에 계획적으로 나누어 증여할 경우 세금 부담을 분산시킬 수 있다.

이때 종신 보험과 같은 보장성 보험을 함께 활용하면 상속세 재원 마련과 절세 효과를 동시에 기대할 수 있다. 단순히 증여만 하는 것보다, 보험의 구조를 잘 활용한 증여는 자산 이전의 효율성과 안정성을 한층 높여준다.

가장 대표적인 방식은 자녀를 계약자이자 보험료 납입자로 설정하고, 부모를 피보험자로 지정한 후 수익자를 다시 자녀로 지정하는 구조이다. 이 경우 부모가 사망하면 보험금이 자녀에게 바로 지급되며, 이는 상속세 납부 재원으로 사용할 수 있다. 게다가 자녀가 납입한 보험료에 대해서는 상속세 과세 대상에서 제외되기 때문에 유리하다.

또 다른 방식으로는 부모가 계약자와 수익자 역할을 하되, 추후 자녀가 소득이 생긴 시점에서 보험 계약을 자녀 명의로 전환하는 방법도 있다. 이 역시 자녀가 보험료를 납입한 비율만큼은 상속세 계산 시 제외되므로 실질적인 절세 효과가 가능하다.

사전 증여 시 증여 공제 한도를 최대한 활용하는 것이 중요하다. 성년 자녀는 10년 동안 최대 5천만 원, 미성년 자녀는 2천만 원 증여세 없이 증여할 수 있다. 이를 활용해 보험 가입 형태로 자산을 이전하면 절세뿐만 아니라 미래의 상속을 위한 사전 준비를 겸할 수 있다.

사전 증여는 향후 가치 상승이 예상되는 자산인 경우 적극적으로 활용하는 것이 좋다. 예전에는 주식, 부동산이 사전 증여를 활용한 대표적인 투자처였지만 보험 상품도 잘 활용하면 사전 증여 효과를 극대화시킬 수 있다.

다만 사전 증여 시 주의할 점도 있다. 증여 이후 10년 이내에 부모가 사망할 경우, 그 증여 재산은 다시 상속 재산에 포함되어 과세되므로 단기적인 전략이 아닌 장기적인 플랜이 반드시 필요하다. 또한 보험 계약자·피보험자·수익자의 지정 조합에 따라 세무상 해석이 달라질 수 있으므로, 반드시 보험 전문가와 상담하여 사전 시뮬레이션을 진행하는 것이 좋다.

자녀에게 남겨줄 자산은 단순히 규모보다 이전 방식이 중요하다. 사전증여를 활용하면 상속세 부담을 줄일 수 있고, 보험을 결합하면 상속세 재원 마련과 자산 이전의 안정성을 동시에 확보할 수 있다. 구체적인 플랜으로 절세와 자산 이전을 함께 준비하는 것이 바람직하다.

종신 보험 계약자 변경 시 유의사항

기존에 부모가 계약자인 종신 보험이 있고, 이를 자녀에게 양도하려는 경우, 계약자 변경 시점에 유의해야 할 사항이 있다.

바로 해지 환급금 기준 증여세 과세 문제이다. 「상속세 및 증여세법」 제4조 1항에 따라, 보험 계약의 권리를 무상으로 이전하는 경우 해당 보험 계약의 해지 환급금이 증여 재산으로 간주되어 증여세가 부과될 수 있다.

예를 들어, 해지 환급금이 5,000만 원인 종신 보험의 계약자를 부모에서 자녀로 변경했다면, 자녀는 이 금액을 증여받은 것으로 보아 최대 10%에 해당하는 증여세(500만 원 수준)를 부담할 수 있다.

[상속·증여세 과세표준 및 세율 변화 비교]

현행
상속세 및 증여세 세율 및 과세표준

과세표준	세율
1억 원 이하	10%
1억 원 초과 5억 원 이하	20%
5억 원 초과 10억 원 이하	30%
10억 원 초과 30억 원 이하	40%
30억 원 초과	50%

2024년 개정안
최고 세율 인하 및 하위 과세표준 조정

과세표준	세율
2억 원 이하	10%
2억 원 초과 5억 원 이하	20%
5억 원 초과 10억 원 이하	30%
10억 원 초과	40%

따라서 계약자 변경은 신중하게 판단해야 하며, 세금 계산 시점이나 계약 변경 시 해지 환급금 규모를 사전에 파악한 후 실행하는 것이 바람직하다. 이처럼 단순히 '명의만 바꾸면 되겠지'라는 생각은 절세가 아닌, 오히려 세금 폭탄의 원인이 될 수 있다.

PART 2
증여설계

한 번에 주는 것보다, 오래도록 전해지는 방식
- 연금정기금 평가

　자녀에게 자산을 물려줄 때, 많은 부모님들이 여전히 일시금으로 증여하거나 사망 후 상속하는 방식만을 먼저 떠올리곤 한다. 하지만 요즘처럼 상속세와 증여세가 누진세 구조로 되어 있는 시대에는, 이 방식만으로는 자칫 큰 세금 부담이 따를 수 있다. 그렇기 때문에 '증여는 시기와 구조가 핵심'이라는 점을 강조한다. 이때 실질적인 절세 전략으로 고려해 볼 수 있는 방법 중 하나가 바로 '연금 정기금 평가'를 활용한 증여 구조 설계이다.

　연금 정기금 평가는 말 그대로, 상속세나 증여세를 계산할 때 일시금이 아닌 정기적으로 지급되는 연금의 현재 가치를 기준으로 과세표준을 산정하는 방식이다. 같은 총액의 자산이라도 연금처럼 분할해서 지급하면, 평가 금액이 더 낮게 책정되어 합법적으로 세금 부담을 줄일 수 있는 제도이다. 특히 자녀에게 일정 자산을 물려주되, 한 번에 목돈으로 넘기기보다는 안정적인 연금 형태로 물려주고 싶은 부모님에게 매우 효과적인 전략이 된다.

　연금 정기금 평가는 크게 세 가지 유형으로 구분된다.

　첫째, 유기 정기금은 지급 기간이 명확히 정해진 구조로, 예를 들어 10년간 매년 600만 원씩 지급하는 식이다. 이 경우 남은 지급 금액을 연 3% 이자율로 할인하여 합산하며, 최대 20년 치까지만 평가한다. 할인 효과가 가장 크기 때문에 절세 효과도 높다.

둘째, 무기 정기금은 지급 기간이 무제한인 경우로, 1년 치 지급 금액에 20을 곱하여 평가한다. 구조는 단순하지만 유기 정기금보다는 할인 효과가 작다.

셋째, 종신 정기금은 연금 수령자가 사망할 때까지 지급되는 구조로, 통계청에서 고시한 기대 여명을 기준으로 연금 수령액을 연 3%로 할인하여 합산 평가한다. 특히 고령인 부모가 자녀에게 연금을 물려줄 때 활용하면 유리하다.

예를 들어, 자녀에게 매년 600만 원씩 10년간 연금을 지급하는 경우, 실제 지급 총액은 6천만 원이지만, 유기 정기금 평가를 적용하면 그보다 낮은 평가 금액으로 증여세가 계산된다. 이처럼 정기금 구조로 설계하면 과세 표준 자체가 줄어들기 때문에 누진세 구조에 따른 부담도 줄어든다.

[정기금 평가에 따른 증여세 과세 기준 비교]

항목	일시금 증여	정기금 증여 (유기정기금 적용)
과세 기준	6,000만 원	연 3% 할인 적용, 현재가치로 과세 (예: 약 5,100만 원)
설계 목적	자녀증여	자녀증여, 연금지급

이제 여기서 가장 중요한 포인트를 짚고 넘어가야 한다. 바로 보험 계약 구조, 즉 계약자, 피보험자, 수익자의 설정이다. 많은 분들이 이 부분을 간과하시는데, 연금 보험 역시 종신 보험과 마찬가지로 계약자 구조에 따라 세금이 결정되는 구조이기 때문에 반드시 이해하고 설계해야 한다.

[정기금 평가 적용을 위한 보험 구조 설계 요건]

연금 정기금 평가를 적용하기 위해서는, 반드시 자녀가 피보험자가 되어야 한다. 피보험자는 연금의 지급 조건이 되는 사람으로, 연금이 자녀의 생존 여부를 기준으로 지급되기 때문에 자녀가 피보험자여야만 정기금 평가 적용이 가능하다.

보통 연금 보험 가입 초기에 부모가 계약자이자 수익자로 설정하는 경우가 많다. 부모가 자금을 납입하고 보험을 관리하기에는 이 구조가 편리하기 때문이다. 하지만 이 상태로는 증여세가 발생하지 않는다. 실제로 증여가 발생하는 시점은, 계약자와 수익자를 자녀로 변경하는 시점이며, 그때 자녀가 연금을 받을 권리를 취득한 것으로 보아 정기금 평가 방식으로 증여세가 과세된다.

이때 적용되는 평가 방식은 자녀가 수령할 연금 구조에 따라 유기 정기금 또는 종신 정기금이 되고, 연금 지급액은 연 3% 할인율로 현재 가치를 계산해 과세된다. 예를 들어, 자녀가 성인이 되어 연금을 수령할 수 있는 구조로 계약자와 수익자를 변경했다면, 그 시점부터 증여세가 발생하며, 이 세금이 정기금 평가를 통해 할인된 금액으로 계산되므로 절세가 가능한 것이다.

그렇기 때문에 연금 보험을 활용한 자산 이전에서는 단순히 '가입만

하면 된다'는 생각보다는, 절세를 위한 목적이라면 피보험자는 반드시 자녀로 설정하고, 연금 개시 전 또는 계획된 시점에 계약자와 수익자를 자녀로 변경하며, 증여 시점과 연금 수령 시점을 잘 계획해 두는 것이 핵심이다.

[연금정기금 평가 적용을 위한 핵심 설계 요건]

항목	핵심 내용
피보험자	반드시 자녀로 설정
계약자·수익자 변경	연금 개시 전, 자녀로 변경
시점 계획	증여 시점과 수령 시점을 전략적으로 설계

주의할 점도 있다. 정기금 평가를 적용했더라도, 계약 해지 시 받을 수 있는 해약 환급금이 정기금 평가액보다 클 경우, 그 해약 환급금이 과세 기준이 된다. 또한 연금 개시 전에 계약자 변경이 이루어졌다면 평가 적용이 제한될 수 있기 때문에, 반드시 전문가와의 충분한 상담이 필요하다.

또한 최근 국세청에서는 고액 즉시 연금 등을 활용한 절세 설계에 대해 보다 면밀히 살펴보고 있으며, 정기금 평가와 관련된 논의도 이어지고 있다. 따라서 단순한 세금 절감 목적보다는, 자녀의 삶과 소득 기반을 함께 고려하는 장기적이고 균형 잡힌 자산 이전 전략으로 접근하는 것이 바람직하다.

결론적으로 연금 정기금 평가는 단순한 세금 절감을 넘어, 가족 간 자산을 유연하고 계획적으로 이전할 수 있는 강력한 수단이다. 특히 유기 정기금 방식은 할인 효과가 커서 젊은 자녀에게 적합하고, 종신 정기금은 고령의 부모가 활용할 때 유리하다. 그리고 이 모든 전략의 중심에는 반드시 계약자·피보험자·수익자의 올바른 설정이 있어야 한다.

자녀의 삶에 씨앗을 심다
- 2대 연금 설계를 통한 증여 전략

최근 연금 보험 상품이 업그레이드되고 있는 상황이다. 과거에는 대부분의 연금이 45세 이후부터 수령 가능한 구조였기 때문에, 자녀를 위한 연금 보험 가입은 사실상 '먼 미래를 위한 준비'에 그쳤다. 그러나 최근에는 30세부터 연금을 수령할 수 있는 상품이 등장하면서, 연금 보험의 활용 범위가 훨씬 넓어지고 있다. 이로 인해 미성년 자녀를 둔 부모 입장에서는, 단순한 재산 증여가 아니라 자녀의 소득 안정성까지 고려한 장기 설계가 가능해진 셈이다.

[2대 연금자산 설계]

자녀에게 일정 자산을 물려주는 데 있어, 세금을 최소화하면서도 자산을 안전하게 관리할 수 있는 방법은 많지 않다. 그런 점에서 연금 보험은 상당히 매력적인 수단이 된다. 연금 보험은 단순한 저축과는 달리, 가입 시점의 경험 생명표가 고정되어 적용되므로 일찍 가입할수록 유리하다. 예를 들어, 같은 금액의 보험료를 납입하더라도 1세에 가입한 자녀와 20세에 가입한 자녀의 연금 수령액은 큰 차이가 날 수 있다. 이는 보험 수학적으로 수령 기간이 길어질수록, 보험사가 지급하는 총 금액이 더 많아지는 구조이기 때문이다.

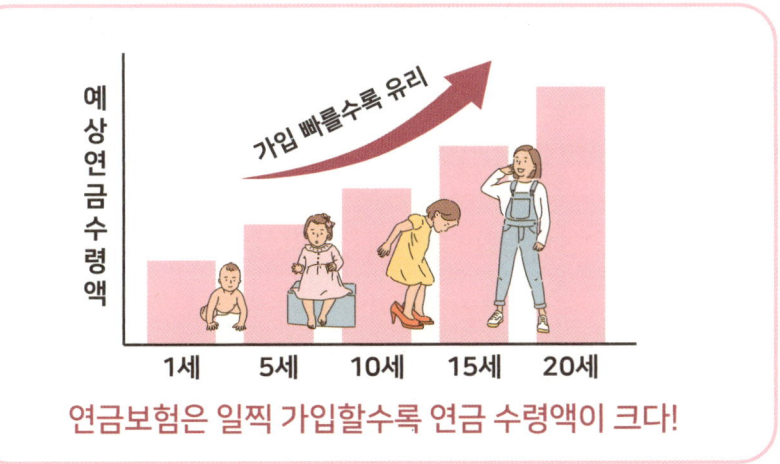

　더불어 종신형 연금으로 설정할 경우, 일정 조건을 충족하면 비과세 한도에 제한이 없다는 점도 중요한 장점이다. 즉, 10년 이상 유지하고 월 보험료 150만 원 이하, 연금 수령 개시가 55세 이후인 경우 비과세 혜택을 받을 수 있으며, 종신형의 경우 그 수령액의 크기와 기간에 상관없이 과세되지 않는 연금 수령 구조가 가능하다. 이런 이유로 연금 보험은 '세금 없는 소득'을 만들 수 있는 유일한 금융상품 중 하나로 꼽힌다.

　다만 미성년 자녀의 경우 스스로 연금 보험료를 납입할 수 없다는 현실적인 제한이 있다. 여기서 활용할 수 있는 절세 전략이 바로 '사전 증여'이다. 우리나라 세법은 부모가 자녀에게 10년간 일정 금액까지 증여세 없이 자산을 이전할 수 있도록 허용하고 있다. 미성년 자녀는 2천만 원까지, 성년 자녀는 5천만 원까지 비과세 증여가 가능하다. 이 범위 내에서 부모가 자녀 명의로 연금 보험을 미리 가입해주면, 세금 없이 자산을 안전하게 이전할 수 있으며, 자녀가 성장한 후 성인이 되었을 때 본인의 소득으로 나머지 보험료를 납입하여 연금 수령을 직접 이어받는 구조로 설계할 수 있다.

특히 자녀가 30세 이후 본인이 원하는 시점에 연금을 개시하도록 설정하면, 자녀는 생활비, 학자금, 결혼 자금, 창업 자금 등 다양한 목적으로 활용 가능한 안정적인 소득원을 마련하게 되는 셈이다. 단순히 목돈을 물려주는 것보다 훨씬 체계적이고 실용적인 자산 이전 방식이라고 할 수 있다.

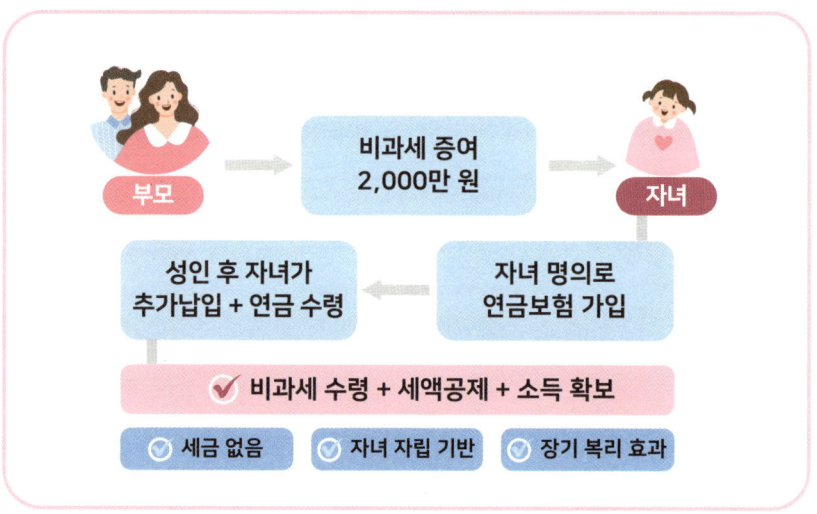

연금에 정기금 평가를 적용하면 평가액이 실제 지급 총액보다 낮게 산정되기 때문에 증여세 측면에서도 유리할 수 있다. 하지만 이 글에서는 복잡한 세무 설명보다는, 사전 증여와 연금 보험이 결합했을 때 자녀의 삶에 얼마나 큰 실질적 가치를 줄 수 있는지에 중점을 두고 있다.

이러한 방식의 장점은 단순히 자산을 '빨리' 물려주는 데 있는 것이 아니다. 자녀가 직접 자산을 굴리는 경험을 갖게 함으로써 금융 교육 효과까지 덤으로 얻을 수 있으며, 보험 계약을 장기간 유지함으로써 복리 효과도 극대화할 수 있다. 또한 자녀가 성인이 된 이후에는 추가 납입을 통해 연금 저축 세액공제 혜택까지 받을 수 있어, 부모의 절세에 이어 자녀의 절세까지 연결되는 장기 전략이 된다.

　사전 증여와 연금 보험의 결합은 절세 전략뿐만 아니라 자녀의 삶을 설계하고, 미래의 자립 기반을 만들어주는 자산 이전 방식으로 볼 수 있다. 연금은 '언제 받느냐'도 중요하지만, '언제 가입했느냐'가 결정적인 영향을 미친다. 지금 자녀가 어릴수록 연금 설계의 가치는 더욱 높아지고, 그만큼 향후 수령할 수 있는 혜택도 커진다.

PART 3
개인사업자 절세 전략

개인사업자의 삶을 지키는 절세 전략
- 보험으로 만드는 균형

　개인사업을 운영하다 보면 연간 소득이 일정 금액을 초과하면서 종합소득세의 누진세율 부담이 점점 커지는 것을 체감하게 된다. 특히 성실 신고 확인 대상자가 되기 직전의 구간에서는 세 부담을 조금이라도 줄일 수 있는 전략을 미리 준비하는 것이 매우 중요하다. 이런 상황에서 많은 분들이 고민하는 전략 중 하나가 바로 소득을 가족에게 분산시키는 방식이다. 배우자나 자녀 명의로 사업자를 추가 등록하거나 금융상품을 인별로 분산 가입하는 방식은 세금 절감의 출발점이 될 수 있다. 그러나 단순히 종합소득세만을 기준으로 판단해서는 안 된다. 실제로 장기적인 건강보험 자격, 비과세 요건, 비용 처리 가능 여부 등 여러 항목을 종합적으로 고려한 접근이 필요하다.

소득 분산 전략
- 절세의 기본은 '분산'이다

먼저, 사업 규모가 커지고 일정 수준 이상의 소득이 발생하면 가족 명의로 별도 사업자를 등록해 소득을 나누는 방식이 효과적이다. 예를 들어, 남편이 대표로 운영하던 가게를 아내 명의로 일부 분리하여, 경영에 실제로 참여하도록 설계하면 소득이 분산되어 개별 종합소득세율을 낮추는 효과를 가져온다. 물론 이는 단순 명의 대여가 아닌, 실질적인 경영 참여와 역할 분담이 전제되어야 한다.

[2025년 적용 종합소득세율 (2024년 귀속 소득 기준)]

과세표준 (연소득 기준)	세율
1,400만 원 이하	6%
1,400만 원 초과 ~ 5,000만 원 이하	15%
5,000만 원 초과 ~ 8,800만 원 이하	24%
8,800만 원 초과 ~ 1억 5,000만 원 이하	35%
1억 5,000만 원 초과 ~ 3억 원 이하	38%
3억 원 초과 ~ 5억 원 이하	40%
5억 원 초과 ~ 10억 원 이하	42%
10억 원 초과	45%

소득이 한 사람에게 몰려 3억 원일 경우 적용되는 세율은 38%이다. 이 구간의 누진공제액은 19,940,000원으로, 실제 세금은 300,000,000원에 38%를 곱한 금액에서 누진공제를 차감하여

94,060,000원이 된다.

 반면, 부부가 각각 1억 5천만 원씩 소득을 분산했을 경우 적용 세율은 35%이다. 이때 누진공제액은 15,440,000원이며, 각자 납부해야 할 세금은 150,000,000원에 35%를 곱한 뒤 누진공제를 차감한 37,060,000원이다. 따라서 부부 합산 세금은 74,120,000원이 된다.

 결과적으로 소득을 한 사람이 모두 부담하는 경우와 부부가 분산하는 경우의 세금 차이는 19,940,000원으로, 약 2천만 원 정도의 절세 효과가 발생한다.

[소득분산효과 비교]

항목	단일 소득 3억 원	소득 분산 시 각 1.5억 원
적용 과세 구간	과세표준 3억 원 → 40% 구간 적용	각 과세표준 1.5억 원 → 38% 이하 구간 적용
누진공제 포함 세액 계산 방식	(3억 × 40%) - 2,594만 원 ≒ 9,006만 원	(각 1.5억 × 38%) - 1,944만 원 ≒ 3,666만 원 × 2 = 7,332만 원
추산 절세 효과	-	약 1,674만 원 절감 가능

손비 처리되는 보험을 통한 세금 부담 완화

 소득을 분산하더라도 그 자체로 충분하지 않을 수 있다. 이때 추가적으로 고려해야 할 전략이 바로 사업 관련 비용을 정교하게 반영하는 것이다. 대표적인 예가 바로 단체보험이나 화재보험, 노란우산 공제를 통한 손비 처리이다.

 개인사업자도 사업 관련 보험료는 필요 경비로 인정받을 수 있다. 예를 들어, 직원 복지를 위해 가입하는 단체 실손보험, 단체 상해보험, 또는 사업장 보호를 위한 화재보험은 세법상 필요 경비로 인정되며, 이는 종합소득세 과세표준을 줄이는 데 직접적으로 기여한다. 특히 보험료가 일정액 이상일 경우, 사업자 등록증과 관련성을 명확히 하여 신고하면 더욱 안정적인 절세 효과를 누릴 수 있다.

건강보험 문제와 비과세 상품 활용

많은 분들이 간과하는 부분이 바로 건강보험 피부양자 자격이다. 가족 명의로 소득을 분산한 결과, 자녀나 배우자에게 소득이 발생하게 되면 향후 해당 가족이 직장가입자의 피부양자 자격에서 제외될 수 있다.

예를 들어, 소득이 1천만 원을 초과하면 국민건강보험공단은 해당 인물을 직장가입자의 피부양자로 인정하지 않고, 지역가입자로 전환할 수 있다. 이 경우 건강보험료가 수십만 원 이상 추가로 발생할 수 있으므로, 소득 발생에 따른 파생 효과까지 고려한 설계가 필요하다.

이런 점에서 연금저축보험이나 비과세 저축보험을 활용하는 방법이 유리하다. 10년 이상 유지 조건을 만족시키고, 55세 이후 연금으로 수령하게 되면 비과세 혜택을 받으며, 소득으로 인정되는 시점도 지연시킬 수 있기 때문이다.

소득이 발생하는 구조를 만들되, 그것이 과세소득으로 바로 잡히지 않도록 설계하는 것도 중요하다. 이럴 때 가장 효과적인 방법 중 하나가 바로 비과세 저축성 보험 또는 연금보험이다.

이 상품들은 일정 요건(납입 기간, 연금 개시 나이, 납입 방식 등)을 충족하면 이자소득세를 면제받을 수 있으며, 연금 개시 전까지는 실질 소득으로 인정되지 않아 종합소득세나 건강보험료 부과 기준에서도 유리하다.

[건강보험 피부양자 자격 제한 기준]

소득금액	피부양자 가능 여부	전환 시 상태	예상 지역 건강보험료
900만 원 이하	유지 가능	해당 없음	없음
1,000만 원 초과	제외됨	지역가입자 전환	약 20~50만 원/월

화재 보험을 활용한 개인사업자의 절세 전략

많은 개인사업자들이 화재보험을 단순히 건물 화재에 대비하는 보장성 보험으로만 생각하는 경우가 많다. 하지만 화재보험은 단순한 재산 보호를 넘어, 리스크 관리, 절세, 재정 관리까지 동시에 실현할 수 있는 전략적인 금융 도구이다. 특히 일정 요건을 충족하면 세법상 필요경비로 인정받을 수 있어, 소득세 절감 효과까지 기대할 수 있다.

화재보험은 화재, 폭발, 자연재해 등으로 인한 건물과 자산의 피해를 보장한다. 뿐만 아니라, 화재로 인해 제3자에게 손해를 끼쳤을 경우 발생할 수 있는 배상 책임까지 처리할 수 있어 법적 리스크도 줄여준다. 일부 보험 상품의 경우, 화재로 인해 과실 책임이 인정되어 부과될 수 있는 벌금이나 과태료 일부까지도 보장해준다. 이러한 보장 구조 덕분에 화재보험은 단순한 손해 보장 그 이상으로 사업자의 재정적 안정성을 유지하는 데 중요한 역할을 한다.

더욱 주목할 점은, 화재보험료를 세무상 필요경비로 인정받아 비용 처리할 수 있다는 점이다.

소득세법 기본통칙 27-55-10에 따르면, 사업과 관련된 장기손해보험계약(예: 화재보험)의 순수보장보험료 및 일부 적립보험료는 필요경비로 산입할 수 있다. 즉, 매월 납입하는 보험료 중 일정 금액을 손비로 처리함으로써 소득세 과세표준을 줄일 수 있게 된다.

예를 들어, 한 개인사업자가 월 90,000원의 화재보험료를 납입할 경우, 연간 약 1,080,000원을, 5년 동안 총 5,400,000원을 필요경비로 인정받아 손비 처리할 수 있다.

과세표준이 낮아지면 그에 적용되는 소득세율도 낮아지므로, 실제 절감되는 세금은 예상보다 크다. 예를 들어 종합소득세율이 15%라면 약 85만 원, 24%라면 약 136만 원까지도 절세가 가능하다. 이는 보험료를 납입하면서도 세금을 줄일 수 있는 일석이조의 효과이다.

실제로 많은 사업자들이 이런 절세 전략을 모르거나, 알고 있어도 복잡하다는 이유로 활용하지 못하고 있다. 화재 보험의 세무상 처리 여부는 보험 상품의 구조, 가입 목적, 납입 방식에 따라 달라질 수 있으므로, 설계 단계에서부터 이를 꼼꼼하게 반영해야 한다.

또한 세무 신고 시 보험료를 비용으로 처리하기 위해서는, 보험 계약서나 납입 증명서 등 명확한 자료 보관이 중요하다. 세무 당국은 단순히 보험이 있다는 이유만으로 경비 인정을 하지 않기 때문에, 사업 관련성을 입증할 수 있는 자료 정리는 필수이다.

💬 상담사례 - 1

사업자 대표의 보장자산 및 상속·세무 설계

A씨는 두 자녀를 둔 사업체 대표로, 보장자산과 상속 관련 상담을 의뢰하였다. 우선 확인해 보니, 본인이 보유한 보험계약의 계약자, 피보험자, 수익자가 모두 본인 명의로 설정되어 있었다. 이러한 구조에서는 향후 보험금이 발생하더라도 상속재산에 포함되어 상속세 부담이 커질 수 있다.

이에 A씨에게 계약자와 수익자를 성인 자녀 명의로 변경하는 방법을 안내하였다. 예컨대 사전에 5천만 원까지는 증여 공제가 가능하므로(성인기준), 해당 범위 내에서 자녀에게 증여를 진행하고, 이후 보험료를 자녀가 직접 부담하도록 설계하면 상속재산에서 제외되는 효과를 얻을 수 있다. 이를 통해 향후 상속세 절감을 위한 사전 증여 효과를 거둘 수 있도록 방향을 제시하였다.

또한 A씨는 현재 한 사업장을 중심으로 소득이 집중되고 있었다. 이 경우 일정 수준 이상으로 소득이 누적되면 소득세 부담이 급격히 커질 수 있다. 이에 자녀 또는 배우자 명의의 별도 사업장을 운영하여 소득을 분산하는 방법을 제안하였다. 소득 분산은 가계 전체 세금 부담을 줄이는 효과가 있으며, 장기적으로 안정적인 자산 관리에도 도움이 된다.

아울러 사업 운영과 관련된 리스크 관리 차원에서 화재보험 및 단체보험을 경비처리 항목으로 활용할 수 있음을 안내하였다. 이는 사업장의 안전망을 확보함과 동시에 세무적으로도 비용 처리 혜택을 받을 수 있는 실질적 대안이 된다.

　마지막으로 A씨의 사업 규모가 점차 성장하고 있는 만큼, 향후 일정 매출 이상이 되면 성실신고확인대상자 기준에 해당될 수 있음을 설명하였다. 성실신고대상자가 되면 세무검증이 강화되고 세부담도 증가할 수 있으므로, 일정 소득 수준에 도달했을 때는 법인 전환을 검토하는 것이 바람직하다고 제안하였다. 법인 전환은 소득세 대신 법인세 체계로 전환함으로써 절세 효과를 볼 수 있고, 상속·증여 시에도 자금 관리가 체계적으로 가능하다는 장점을 안내드렸다.

상담사례 - 2

비과세저축보험과 자녀연금까지 고려한 맞춤 설계

최근 상담을 진행한 B씨는 은퇴 이후 생활을 준비하기 위해 연금상품을 고민하고 있었다. 보통 연금을 준비할 때 가장 먼저 떠올리는 것이 연말정산 소득공제 혜택을 받을 수 있는 연금저축보험이다. 하지만 이 고객은 가정주부로 현재 소득 구조상 연말정산 세액공제 효과가 크지 않았다. 이미 다른 공제를 통해 세액 혜택을 충분히 받고 있었기 때문에, 추가로 연금저축을 가입한다고 해도 세금 절감 효과가 미미하다는 판단이 내려졌다.

그래서 상담에서는 세액공제보다는 수령 시점의 과세 여부에 초점을 맞추었다. 그 결과, 연말정산 혜택은 없지만 나중에 연금을 받을 때 이자소득세가 면제되는 비과세저축보험을 활용하는 방안을 안내드렸다. 비과세저축보험은 일정 요건(10년 이상 유지, 연간 납입 한도 충족 등)을 충족하면 연금 전환 시 수령액에 대해 과세가 되지 않는 장점이 있다. 고객 입장에서는 당장 세액공제를 못 받더라도, 은퇴 이후 안정적으로 비과세 연금을 받는 것이 훨씬 더 큰 혜택으로 다가올 수 있다는 점을 강조했다.

B씨는 또 하나의 고민을 가지고 있었다. 본인의 노후연금 준비뿐 아니라, 자녀를 위한 연금도 동시에 고려하고 싶다는 것이었다. 최근에는 부모 세대가 자녀의 노후까지 염두에 두고 재무설계를 하는 경우가 많아졌는데, 이 고객 역시 비슷한 상황이었다. 이에 상담에서는 비과세저축보험을 본인 이름으로 가입하되, 향후 연금 개시 시점에서 피보험자를 자녀로 전환할 수 있는 구조의 상품을 소개해드렸다. 이렇게 하면 당장은 본인 중심의

연금 설계이지만, 필요할 때는 자녀에게 연금 수령 권리를 넘겨 줄 수 있다.

다만, 여기에는 중요한 세무 이슈가 따라온다. 연금을 본인이 아닌 자녀가 수령하게 되면 증여세 과세 대상이 될 수 있기 때문이다. 즉, 부모가 계약자이자 납입자이고, 나중에 자녀가 연금을 받게 되면 연금 수령액은 증여로 해석될 수 있다. 상담에서는 이 부분을 솔직하게 설명하고, 단순히 상품 구조만이 아니라 사전 증여 제도를 활용하는 방법도 함께 안내했다. 자녀에게 미리 증여를 하고 이를 증여세 공제 한도 내에서 관리하면, 실제 연금 수령 시점에서 불필요한 세금 문제를 줄일 수 있다는 점을 강조했다.

상담을 마무리하면서 고객은 '연금은 단순히 노후 대비가 아니라 세금 문제까지 연결되어 있는 중요한 금융 전략'이라는 사실을 깨닫게 되었다고 했다. 연금을 어떻게 설계하느냐에 따라 은퇴 생활의 실질적 수령액이 크게 달라지고, 자녀에게 물려줄 수 있는 자산의 형태도 바뀔 수 있기 때문이다. 결국 이번 상담에서는 비과세저축보험을 활용한 본인 연금 설계 + 자녀 연금까지 고려한 유연한 구조 + 증여세 관리 방안을 종합적으로 제시해 드렸다.

연금 설계는 단순히 상품 하나를 고르는 문제가 아니다. 현재 소득 구조, 세제 혜택, 향후 자녀 지원 계획, 그리고 세무 리스크까지 함께 고려해야 한다. 특히 비과세저축보험은 장기간 유지한다는 전제하에 안정적인 비과세 혜택을 제공하는 만큼, 연말정산 공제가 크지 않은 분들에게는 훨씬 더 유리할 수 있다. 여기에 사전 증여를 활용한 자녀 연금 설계까지 더한다면, 세대 간 자산 이전과 노후 대비를 동시에 달성할 수 있다.

돈을 지키는 일은 곧 삶을 지키는 일이다.

보험은 단순한 재테크가 아니라
사랑하는 가족을 지켜주는 든든한 장치이다.

결국 중요한 것은 그 마음이 흩어지지 않도록,
삶 전반을 지켜낼 수 있는 설계가 필요하다는 점이다.

보험과 세금
이여희의 시선

보험으로 완성하는
현실 절세법!

이여희

- 피플라이프 하모니사업단장
- AFPK(재무설계사) 자격 보유
- 투자자산운용사 자격 보유
- 前 KEB하나은행 VIP센터 재직
- 前 흥국생명 지점장

저자는 피플라이프 하모니사업단장으로 활동하며 AFPK(재무설계사) 자격을 갖춘 재무 전문가다. KEB하나은행 VIP센터 및 흥국생명에서 지점장을 거치며 금융 현장에서 다양한 고객의 세무·재무 문제를 해결해 왔다.

그는 세금을 줄이는 가장 현실적인 방법은 법이 허용하는 혜택을 알고 제때 올바른 증빙으로 적용하는 일이라고 강조한다. 현장에서는 공제와 경비, 세액공제율과 비과세 요건 등이 혼동되어 환급을 놓치거나 리스크를 쌓기 쉽다.

이 책은 직장인과 개인사업자가 활용할 수 있는 보험 기반 절세 전략을 다룬다. '알고, 기록하고, 증빙하는 습관이 곧 절세의 핵심'이라는 신념으로 독자의 세부담을 줄이고 미래 현금흐름을 설계하도록 안내한다.

이 글을 시작하며

보험, 세금을 줄이는 가장 현실적인 전략

세금을 줄이는 가장 현실적인 방법은 법이 허용하는 혜택을 알고, 제때 올바른 증빙으로 적용하는 일이다. 하지만 현장에서는 공제와 경비, 세액공제율과 비과세 요건 같은 기본 요소가 혼동되어 환급을 놓치거나 리스크를 쌓는 경우가 많다.

이 책은 직장인과 개인사업자가 바로 활용할 수 있는 보험 기반 절세 전략을 다룬다. 직장인은 보장성 보험 세액공제, 연금저축·IRP 세액공제 극대화, 저축성 보험 비과세 요건 등을 통해 절세와 노후 준비를 병행할 수 있다. 개인사업자는 단체보험·자동차보험·퇴직연금의 경비 처리 원칙, 업무용 승용차 운행일지와 감가상각·부가세 처리 기준 등 실무에 필요한 핵심을 정리했다.

결국 절세의 핵심은 알고, 기록하고, 증빙하는 습관이다. 이를 통해 오늘의 세부담을 줄이고 내일의 현금흐름을 단단히 설계할 수 있다.

PART 1
직장인을 위한 보험 절세 가이드

직장인의 세금은 매달 급여에서 원천징수되는 구조라 체감상 '스스로 줄일 수 있는 여지'가 적어 보인다. 그러나 연말정산에서 세액공제와 비과세 제도를 제대로 활용하면 실질 세부담을 확 줄일 수 있다. 특히 보험은 ▲현재 위험 대비(보장) ▲미래 노후 준비(연금) ▲합법적 절세(세액공제·비과세)를 동시에 달성하는 드문 장치다. 아래에서는 직장인이 반드시 알아야 할 보험 기반 절세 전략을, 제도 배경 → → 계산 예시 → 사례 → 주의점 순서로 체계적으로 정리한다.

1. 보장성 보험 세액공제 — 가장 먼저 챙길 기본기

보장성 보험은 질병, 사고, 사망과 같은 위험을 대비하는 상품으로, 직장인의 연말정산에서 가장 기본적인 세액공제 항목이다.

- 공제 대상: 본인, 배우자, 부양가족을 피보험자로 한 보장성 보험
- 공제 한도: 연간 납입액 100만 원
- 공제율: 납입액의 12%

즉, 보장성 보험료로 100만 원 이상을 냈다면, 최대 12만 원을 세액공제로 돌려받는다.

- 대상: 본인·배우자·부양가족(기본공제 가능자)을 피보험자로 한 보장성 보험(암/질병/상해/사망/실손 등)

● 한도: 연 100만 원 납입액까지
● 공제율: 12%(국세) + 1.2%(지방세) = 13.2% 실효 공제

즉, 연 100만 원을 납입했다면 최대 13만 2천 원 환급 효과

 계산 예시

- 80만 원 납입 → 10.56만 원 환급
- 100만 원 납입 → 13.2만 원 환급
- 200만 원 납입 → 한도 도달, 13.2만 원 환급

 사례로 보기

맞벌이 K씨
- 본인 70만 + 배우자 80만 + 자녀 50만 = 200만
- 한도 100만만 인정 → 13.2만 원 환급
- 맞벌이는 한 사람이 집중 납입해야 함

미혼 L씨
- 본인 60만 + 부모 암보험 40만(본인 카드)
- 합계 100만 → 13.2만 원 환급
- 납부자·계약자 달라도 요건 충족 시 공제 가능

자주 틀리는 포인트

- 저축성 보험 불가
- 성인 자녀도 소득 요건 충족 시 공제 가능
- 중도 해지해도 추징 없음
- 신용카드 소득공제와 중복 아님
- 장애인은 15% 공제한도(일반인 12%)

 체크리스트

✓ 국세청 간소화에서 보장성으로 분류됐는가?
✓ 가족별 납입액을 한 명에게 몰아 100만 원 채웠는가?
✓ 맞벌이는 누가 공제할지 사전에 정했는가?

2. 연금저축 — 노후 준비와 세액공제를 동시에

연금저축은 우리나라 개인연금제도의 핵심으로, 노후 준비와 동시에 상당한 세제 혜택을 제공하는 대표적인 절세 상품이다. 이 제도의 가장 큰 매력은 납입 시점과 수령 시점에서 각각 세제 혜택을 받을 수 있는 이중 혜택 구조에 있다.

연금저축의 진정한 매력은 납입 시점의 세액공제에서 끝나지 않는다. 55세 이후 연금으로 수령할 때에도 추가적인 세제 혜택이 적용되는데, 이때 일반 금융소득에 적용되는 15.4%의 세율이 아니라 훨씬 낮은 연금소득세 3.3~5.5%가 적용된다. 이 세율은 수령 기간과 수령 금액에 따라 달라지지만, 어떤 경우든 일반 금융소득세보다 현저히 낮은 수준이다. 이러한 구조는 과세 이연 효과와 세율 절감 효과를 동시에 제공하여, 장기적으로 상당한 세제 혜택을 누릴 수 있게 한다.

　연금저축 상품은 크게 연금저축펀드와 연금저축보험으로 구분된다. 연금저축펀드는 다양한 ETF와 펀드로 운용이 가능하여 투자 유연성이 높고, 상대적으로 수수료가 낮은 장점이 있다. 반면 연금저축보험은 공시이율 기반의 적립형 성격으로 관리가 간편하지만, 총비용이 상대적으로 높을 수 있어 장기 수익률 측면에서 불리할 가능성이 있다.

- 세액공제 한도: 연 900만 원(연금저축 600만 원 + IRP 300만 원)
- 공제율: 총급여 5,500만 원 이하 16.5%, 초과 13.2%(지방세 포함 기준)
- 수령 과세: 55세 이후 연금으로 수령 시 연금소득세 3.3~5.5%(수령 기간·금액에 따라)

→ 최대 혜택: 900만 × 16.5% = 148.5만 원 환급

 세제 이중 혜택 구조의 장점

1. 납입 시점
　세액공제로 현금 환급(또는 납부세액 감소)
2. 수령 시점
　금융소득세(15.4%)가 아니라 낮은 연금소득세

운용/상품 선택 팁

- 연금저축펀드: 다양한 ETF·펀드로 운용, 수수료 낮고 유연함
- 연금저축보험: 공시이율/적립형 성격, 관리 간편하지만 총비용이 상대적으로 높을 수 있음
- 전략: 장기계좌이므로 TDF(타깃데이트펀드), 리밸런싱 활용, 55세 이후의 현금흐름을 목표로 설정

 계산 예시

- 연봉 5,000만 원, 연금저축 600만 원
  → 16.5% 적용 99만 원 환급
- 연봉 6,000만 원, 연금저축 600만 원
  → 13.2% 적용 79.2만 원 환급
- 연봉 8,000만 원, 연금저축 600만 원
  → 13.2% 적용 79.2만 원 환급

 사례로 보기

A 씨(연봉 6천만)
- 월 30만 × 12 = 360만 납입 → 13.2% 약 47만 원 절세
- 연말 일시납 40만 추가로 400만 채우면 52.8만 원까지 확대

N 씨(연봉 4,900만)
- 400만 납입으로 66만 원 환급
- 같은 400만을 일반 적금에 넣는 것보다 즉시 세후 수익률이

높다.

 주의할 점

1. 중도해지: 그동안 받은 세액공제 혜택이 기타소득세 16.5%로 추징될 수 있음
2. 연금수령 요건: 원칙적으로 만 55세 이후, 10년 이상 분할수령이 기본
3. 연말 몰아넣기 가능하지만 분할 납입 + 자동이체가 수익률·규율 측면에서 유리
4. 금융소득종합과세와 달리, 연금소득세는 낮은 분리과세 성격 (상황에 따라 합산될 수 있으니 연금수령액 관리가 필요)

 체크리스트

- ✓ 내 소득구간의 공제율(16.5%/13.2%)을 파악했는가
- ✓ 900만 한도를 꽉 채울 계획인가(연말 일시납 보완 포함)
- ✓ 중도해지 가능성을 원천 차단할 자금 계획을 세웠는가

3. IRP(개인형 퇴직연금) — 연금저축과 쌍으로 가는 필수 계좌

개인형 퇴직연금(IRP)은 연금저축과 함께 개인연금 세제 혜택을 극대화할 수 있는 필수 계좌다. 많은 사람들이 연금저축만 활용하여 연간 99만 원의 세액공제 혜택에 만족하지만, IRP를 추가로 활용하면 최대 148.5만 원까지 환급받을 수 있어 거의 50만 원에 가까운 혜택을 누릴 수 있다.

IRP는 단순한 적립식 연금계좌를 넘어 퇴직금 관리의 핵심 도구다. 퇴직금을 일시금으로 받으면 즉시 과세가 확정되지만, IRP로 이체 후 10년 이상 연금으로 수령하면 퇴직소득세가 30~40% 감면되는 혜택을 받을 수 있다. 퇴직 예정인 C 씨처럼 퇴직금을 IRP로 이체하여 연금화하면 세후 수령액이 상당히 증가하게 된다.

IRP는 무주택 전세자금, 장기 요양, 천재지변 등 예외적 사유를 제외하고는 중도 인출이 제한되어 강제적 장기 저축 장치로 기능한다. 또한 예·적금, 채권형·혼합형 펀드, 일부 ETF 등 다양한 자산으로 분산 운용이 가능하여 안정성과 수익성을 동시에 추구할 수 있다.

- 세액공제 한도(합산): 연금저축 600만 + IRP 300만 = 900만 원
- 공제율: 16.5%/13.2% 동일

최대 혜택(5,500만 이하): 900만 × 16.5% = 148.5만 원

IRP의 추가 장점

1. 퇴직금 이연

  퇴직금을 IRP로 받으면 과세 이연 + 연금화 시 퇴직소득세 감면(30~40%) 효과

2. 인출 요건

  무주택 전세자금·장기 요양·천재지변 등 예외적 사유 외 중도 인출 제한 → 강제적 장기 저축 장치로 유용

3. 편입 자산

  예·적금, 채권형/혼합형 펀드, 일부 ETF·RP 등(고위험 파생형은 제한) → 분산 운용에 적합

계산 예시

- 연봉 4,800만 원, 연금저축 600만 + IRP 300만
  → 148.5만 원 환급
- 연봉 7,000만 원, 연금저축 600만 + IRP 300만
  → 118.8만 원 환급

사례로 보기

B 씨(연봉 4,800만)
- 기존에 연금저축 600만을 채워왔으나 환급이 99만 원에서 148.5만 원으로 커지길 원함
  → IRP 300만 추가 적립으로 목표 달성

C 씨(퇴직 예정)
- 퇴직금을 일시금으로 받으면 즉시 과세. IRP로 이체 후 10년 이상 연금화하면 퇴직소득세율 자체가 경감되어 세후 수령액 증가

 주의할 점

1. 중도 해지/인출 시 세액공제 추징(기타소득세 16.5%)
2. 수수료/운용 보수 체크(금융사·상품별 차이 큼)
3. 퇴직금은 가급적 일시금 인출 지양: 과세 즉시 확정 + 세후 자금 관리 어려워짐

 체크리스트

✓ 연금저축 600만을 먼저 채웠는가
✓ IRP 300만으로 900만 패키지 완성했는가
✓ 퇴직금은 IRP 이체 → 연금화 로드맵을 갖췄는가

4. 저축성 보험 — '장기 유지 시' 강력한 비과세 혜택

저축성 보험은 장기간 유지할 경우 강력한 비과세 혜택을 제공하는 금융상품이다. 하지만 이 혜택을 누리기 위해서는 복잡하고 까다로운 요건들을 모두 충족해야 하며, 하나라도 어길 경우 세금 부담이 발생할 수 있어 신중한 설계와 관리가 필수다.

저축성 보험의 비과세 요건은 매우 구체적이다. 먼저 계약일로부터 10년 이상 유지해야 하며, 중도 해지 시 이자 차익에 15.4%가 과세된다. 5년 이상 균등 납입 요건은 기본보험료가 월, 분기, 연 단위로 정기적이고 균등하게 납입되어야 함을 의미한다. 중간에 납입을 중지하거나 감액하면 균등성에 문제가 생길 수 있어 약관과 설계안을 면밀히 확인해야 한다. 월 납입 합계 150만 원 이하 요건은 동일 계약자 기준으로 여러 보험사 상품을 합산하여 적용되므로, 월 150만 원을 초과하는 순간 비과세 요건이 실패할 가능성이 크다.

저축성 보험은 설계 단계뿐만 아니라 유지 과정에서도 세심한 관리가 필요하다. F 씨처럼 7년 차에 자녀에게 계약자를 변경하는 경우, 새로운 계약자의 총 납입 한도와 균등성 판단이 다시 적용될 수 있어 비과세 판정이 흔들릴 위험이 있다. 또한 부분 해지나 중도 인출은 차익 실현으로 보아 과세가 발생할 수 있으므로 약관을 반드시 확인해야 한다.

- 유지 기간 10년 이상: 계약일로부터 10년을 채워야 한다. 도중에 해지하면 이자 차익에 15.4% 과세
- 5년 이상 납입·균등 납입: 기본보험료가 월/분기/년 등 정기적·균등하게 납입되어야 한다. 중간에 납입 중지/감액을 하면 균등성 문제가 생길 수 있으니 약관·설계안 확인 필요
- 월 납입 합계 150만 원 이하: 동일 계약자 기준 전체 합산으로 본다(여러 보험사 합쳐도 한도는 동일). 월 150만 원을 넘는 순간 비

과세 요건 실패 가능성이 크다.
- 보험 차익 과세 방식: 만기·해약 환급금 − 납입 원금(기본보험료+특약 중 저축 부분) = 과세 표준

요건 충족 시 보험 차익 전액 비과세

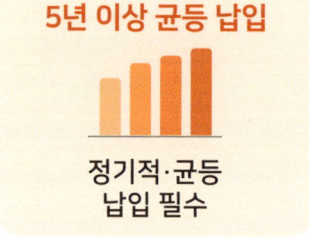

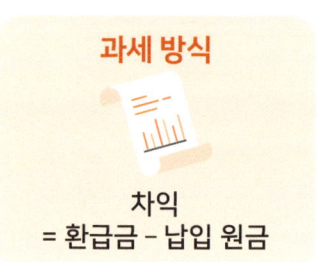

 계산 예시

- 월 100만 × 120개월 = 1억 2,000만 원 납입
- 만기 환급금 1억 5,000만 원 → 차익 3,000만 원
- 요건 충족 시 전액 비과세
  (일반 예금이라면 3,000만 × 15.4% = 462만 원 세금 발생)

사례로 보기

D 씨(월 80만, 12년 유지)
- 납입 합계 9,600만 / 만기 1억 2,000만
  → 차익 2,400만 비과세
- 중간에 1년 납입 중지 후 재개했으나, 약관상 균등 납입 판단을 충족하도록 감액 완납으로 구조 조정. 사전 상담이 중요

E 씨(월 200만, 10년 유지)
- 월 합계가 150만을 초과
  → 비과세 요건 충족 실패 가능성이 높다.
- 대안: 계약을 쪼개도 동일 계약자 합산이므로 해결 안 됨. 설계 단계에서 월 합계를 150만 이하로 설계해야 한다.

F 씨(계약자 변경)
- 7년 차에 자녀에게 계약자 변경. 새로운 계약자의 총 납입 한도·균등성 판단이 다시 적용될 수 있다.
- 함부로 계약자 변경하면 비과세 판정이 흔들릴 수 있음

 저축성 보험과 다른 제도와의 구분

- 비과세 종합저축(고령·장애 등 요건)과 저축성 보험 비과세는 별개 제도. 서로의 한도·판정 로직이 다르다.
- 일시납 저축성 보험 한도(세법 개정으로 축소된 이력) 등은 시기·제도에 따라 달라질 수 있으니 최신 약관/세법 확인 필수

납입/관리 팁

- 납입 스케줄 고정: 균등 납입을 흔들지 않도록 자동이체 고정
- 특약 구조 점검: 보장 특약과 저축 부분이 섞인 복합 상품의 경우, 보험 차익 계산 시 포함/제외 항목을 설계서로 확인
- 부분 해지(중도 인출): 일부 상품의 중도 인출은 차익 실현으로 보아 과세가 발생할 수 있음. 약관 확인

 체크리스트

- ✓ 10년/5년/균등/월 150만 요건을 전부 충족하는가
- ✓ 중간 감액/중지/계약자 변경 계획은 없는가
- ✓ 만기 수령 시점의 목적 자금(주택·교육·은퇴)과 달러/원화 등 통화 위험까지 고려했는가

실천가이드

연말정산 달력 만들기

연말정산 달력
- **1~11월**: 연금저축·IRP 월납으로 꾸준히, 보장성 100만 원 채우기 설계
- **12월 초**: 한도 미달분 일시납 추가 납입, 간소화 자료 예비 점검
- **1월**: 보험회사 납입증명서 다운로드(간소화 자동 반영 확인)
- **2~3월**: 회사 제출 및 환급 체크

1~11월	12월 초	1월	2~3월

· 연금저축·IRP 월납 · 보장성 100만 원 채우기	· 연금저축/IRP 한도 확인 · 간소화 예비 점검 · 추가 납입 준비	· 보험사 납입증명서 다운로드 · 간소화 서비스 자동 반영 확인	· 회사 제출 · 원천징수영수증 확인 · 환급 입금일 체크

FAQ

Q. 보장성 공제, 카드로 납부해야만 되나?
A. 납부수단 무관. 핵심은 보장성 분류와 납입 사실 증빙

Q. 연금저축·IRP를 내년으로 넘겨서 한꺼번에 내면?
A. 공제는 해당 연도 납입분만 인정. 매년 한도를 채워야 복리처럼 혜택이 커진다.

Q. 저축성 보험 중도해지하면?
A. 그간의 비과세 전제가 깨지므로 이자소득세(15.4%) 과세. 가급적 10년 채우기

PART 2
개인사업자를 위한 보험 절세 가이드

개인사업자는 직장인과 달리 급여가 아닌 사업 소득을 통해 수입을 얻는다. 따라서 세금 계산 구조와 절세 방법 역시 차이가 있다. 특히 보험을 활용한 절세는 사업 소득세 절감, 경비 처리, 비용 인정 여부 등과 직접 연결되기 때문에 사업자의 세무 관리에서 중요한 포인트다. 이번 글에서는 개인사업자가 반드시 알아야 할 보험 절세 전략을 구체적으로 살펴본다.

1. 개인사업자의 보험료 과세 체계 이해

직장인은 보장성 보험료가 세액 공제로 처리되지만, 개인사업자는 사업과 관련된 보험료만 경비로 인정받을 수 있다.

개인사업자는 오직 사업과 직접적인 관련이 있는 보험료만 필요 경비로 인정받을 수 있다. 이는 개인적 목적의 보험료와 사업용 보험료를 엄격히 구분하는 세법의 기본 원칙에 따른 것이다.

● 직장인: 보장성 보험 → 세액 공제 대상
● 개인사업자: 사업 관련 보험료 → 필요 경비로 인정

즉, 사업자 본인이 개인적 목적으로 납입한 보험료는 비용 처리가 되지 않으며, 반드시 사업과 직접적인 연관이 있어야만 절세 효과를 얻을 수 있다.

사례로 보기

K 씨(개인사업자)
- **납종업원 단체 보장성 보험**
  월 20만 원 → 직원 복리 후생 목적, 전액 경비 처리 가능
- **사업장 자동차 보험**
  연 200만 원 → 사업 활동 필수 비용, 전액 경비 처리 가능
- **퇴직 연금 보험(DC)**
  종업원 대상 → 법적 의무 사항, 경비 인정
- **개인 상해 보험**
  연 120만 원 → 사업 관련성 없음, 경비 불가

※ 포인트
- 사업 관련성 명확 → 경비 인정
- 개인 목적 보험료 → 경비 불인정
- 구분이 불명확할 경우 세무조사 시 문제 발생 가능

이 경우 종업원 단체 보험, 사업용 자동차 보험, 퇴직 연금 보험은 경비 처리 가능하지만, K 씨 개인 상해 보험은 사업 관련성이 없어 비용 인정 불가다.

따라서 개인사업자가 보험료로 절세 효과를 얻으려면 반드시 사업과의 관련성을 명확히 하고, 개인 목적과 사업 목적을 철저히 구분하여 가입해야 한다. 이러한 원칙을 이해하지 못하면 의도치 않게 세무조사에서 문제가 될 수 있으므로 신중한 접근이 필요하다.

2. 사업 소득세와 보험료의 절세 효과

개인사업자는 수입 금액에서 필요 경비를 뺀 금액을 소득 금액으로 계산한다.

개인사업자의 소득 계산 구조를 이해하면 보험료 경비 처리가 왜 중요한지 명확해진다. 개인사업자는 수입 금액에서 필요 경비를 차감한 금액이 소득 금액이 되며, 이 소득 금액에 세율이 적용되어 최종 세액이 결정된다. 따라서 보험료가 경비로 인정받으면 소득 금액이 직접적으로 감소하여 상당한 절세 효과를 가져온다.

따라서 보험료가 경비로 인정되면 소득 금액이 줄어들고, 그만큼 세율 적용 금액이 낮아져 절세 효과를 볼 수 있다.

연 매출 1억 원에 기존 경비가 8,000만 원인 사업자의 경우 소득금액은 2,000만 원이다. 여기서 추가로 1,000만 원의 보험료를 경비로 인정받게 되면 소득금액은 1,000만 원으로 절반이 줄어든다. 이때 적용되는 세율이 15%라면 약 165만 원(지방세 포함)의 절세 효과를 얻게 된다.

 계산 예시

- 연 매출 1억 원
- 경비 8,000만 원 → 소득금액 2,000만 원
- 보험료 1,000만 원 추가 경비 처리 시 → 소득금액 1,000만 원
- 세율 15% 적용 → 약 165만 원 절세 효과(지방세포함)
- 실제 부담: 1,000만 원 - 165만 원 = 835만 원

즉, 보험료 1,000만 원을 납입하고도 240만 원의 세금을 절약하여

실질적인 부담은 760만 원에 불과하다.

소득 구간이 올라갈수록 적용 세율이 높아지기 때문에 동일한 보험료라도 절세 효과는 배가된다. 따라서 개인사업자에게 보험료는 단순한 보장 수단을 넘어서 효율적인 세무 전략의 핵심 도구가 된다. 다만 이러한 혜택을 누리기 위해서는 반드시 사업과의 직접적 관련성을 입증할 수 있는 보험에만 가입해야 한다는 점을 명심해야 한다.

3. 종업원을 위한 단체 보장성 보험

사업자가 종업원을 위해 가입하는 단체 보장성 보험은 필요 경비 인정을 받을 수 있다. 다만, 보장 범위와 형태에 따라 처리 방식이 다르다.

개인사업자가 종업원을 위해 가입하는 단체 보장성 보험은 명확한 사업 목적을 갖기 때문에 필요 경비로 인정받을 수 있는 대표적인 절세 상품이다. 이는 종업원 복지 제공이라는 정당한 사업 목적에 부합하므로 전액 비용 처리가 가능하며, 동시에 사업주의 세 부담을 완화하는 이중 효과를 제공한다.

 단체 보장성 보험의 추가 장점
1. 사업 목적에 부합 → 전액 비용 처리 가능
2. 종업원 복지 제공 효과 + 사업주 세 부담 완화

종업원을 위한 단체 보장성 보험은 전액 비용 처리가 가능하다. 아래 사례로 구체적으로 살펴보자.

사례로 보기

K 씨(개인사업자)
- 종업원 단체 상해보험 연 100만 원 가입
- 종업원 복리후생 목적 → 전액 경비 처리 가능
- 사고 발생 시 지급 보험금 → 종업원 개인 소득으로 과세되지 않음
- 단, 보험금 수령자가 사업주 본인일 경우 → 경비 인정 불가

하지만, 보험금 수령자가 사업주 본인이면 경비 인정 불가. 따라서 반드시 종업원 명의여야 한다는 점이 중요하다.

이러한 종업원 단체 보험은 사업자에게는 확실한 절세 효과를, 종업원에게는 실질적인 복지 혜택을 제공하는 윈-윈 전략이지만, 명의와 수령자를 명확히 구분하는 세심한 설계가 성공의 전제 조건이다.

4. 퇴직연금보험의 절세 효과

종업원 퇴직금을 준비하기 위해 사업자가 가입하는 퇴직연금보험(DC·DB)은 대표적인 절세 수단이다.

퇴직연금보험은 개인사업자에게 법적 의무 이행과 절세 효과를 동시에 제공하는 이상적인 상품이다. 종업원의 퇴직금을 준비하기 위해 가입하는 DC형이나 DB형 퇴직연금보험은 명확한 사업 목적을 갖기 때문에 사업자가 부담하는 보험료 전액을 필요 경비로 처리할 수 있다. 이는 사업자의 당기 소득을 직접적으로 감소시켜 즉각적인 절세 효과를 가져온다.

수령 단계에서도 추가적인 세제 혜택이 발생한다. 종업원이 퇴직 후 연금 형태로 수령할 때는 일반 소득세가 아닌 낮은 연금소득세율인 3~5%가 적용되어 실질적인 세 부담이 크게 줄어든다. 이는 일시금으로 받을 때보다 훨씬 유리한 조건이다.

● 납입 시: 사업자가 부담한 보험료 전액을 필요 경비로 처리
● 수령 시: 종업원은 연금으로 수령하며 낮은 세율(3~5%) 적용
● 추가 장점: 사업주는 법정 의무를 충족하면서 동시에 세제 혜택을 받음

퇴직연금보험은 법적 의무와 절세 효과를 동시에 충족한다. 아래 사례로 구체적으로 확인해보자.

 사례로 보기

K 씨 사업장
- 직원 퇴직금 5천만 원 → DC형 퇴직연금보험에 적립
- 사업자 부담 보험료 전액 경비 처리 → 소득세 부담 즉시 감소
- 직원 퇴직 후 연금으로 수령 시 낮은 연금소득세율(3~5%) 적용
- 실제 수령액이 증가하여 사업주·종업원 모두 윈-윈

이러한 구조는 사업자에게는 법정 의무인 퇴직금 적립을 통해 당장의 세금을 줄이는 기회를 제공하고, 종업원에게는 장기적으로 세 부담을 최소화하는 혜택을 동시에 제공하는 윈-윈 시스템이다. 특히 고소득 구간의 사업자일수록 즉각적인 절세 효과가 크므로 적극적으로 활용할 가치가 있다.

5. 자동차 보험의 비용 처리

개인사업자가 사업용 차량에 가입한 자동차 보험료는 필요경비로 인정된다.

다만 차량이 사업용으로만 사용되어야 하며, 개인적 사용(출퇴근, 가족용도)이 많으면 일부만 인정될 수 있다.

차량은 반드시 사업자 명의로 취득하거나, 장기렌트·리스 계약자도 사업자로 맞춰야 한다.

 자주 틀리는 포인트

- 일반 승용차(8인승 이하, SUV 포함)는 부가세 환급 불가
- 화물차, 9인승 이상 승합, 경차, 일부 전기차만 매입세액 공제 가능
- 렌트/리스는 반드시 세금계산서 발행 여부 확인

사업용 차량은 단순히 취득만으로 절세가 완성되지 않는다. 감가상각비·유지관리비 한도를 준수하고, 운행일지를 관리해야 안전하다. 업무용 승용차는 연간 감가상각비 800만 원, 유지관리비 700만 원 등 합계 1,500만 원까지가 일반적인 한도다.

 주의할 점

1. 1,500만 원 한도 초과 시 운행일지 작성 필수
2. 운행일지에는 날짜·출발지·도착지·목적·운전자·계기판 기록 남기기
3. 가족·개인용 혼합 사용 시 반드시 비율대로 안분 처리

장기렌트·리스는 현금 흐름과 4대 보험 측면까지 고려하면 유용하다. 자산 등재 없이 매월 균등 비용 처리로 자금 계획을 단순화할 수 있다. 다만, 부가세 공제 가능 여부는 계약 구조와 차종에 따라 달라지므로 반드시 견적 단계에서 확인이 필요하다.

렌트·리스 활용 팁

- 장기렌트는 초기 자금 부담을 줄이고 매월 경비 처리 가능
- 리스는 자산 등재 후 감가상각 처리로 회계상 선택권 확보
- 계약 전, 세금계산서 발행 구조와 과세 구분을 반드시 검토

아무리 타당한 경비라 해도 증빙이 불완전하면 비용 인정이 안 된다. 모든 결제는 사업자 카드·계좌를 통해 일원화해야 하며, 하이패스·주차·유류비 영수증도 챙겨야 한다.

체크리스트

- ✓ 차량가 4,000만 원(불공제 승용) 매입 시 카드·세금계산서 확보했는가
- ✓ 감가상각 연 800만 + 유지비 연 700만 = 합계 1,500만 원 관리하고 있는가
- ✓ 유류·하이패스·주차비를 사업자카드로 결제하고 증빙을 분기별로 보관하는가
- ✓ 고객 미팅·현장 방문 등 운행일지 업무용 비율을 85% 이상 유지했는가
- ✓ 부가세는 불공제지만 종합소득세 경비로 전액 반영하여 과세표준을 낮췄는가

부가세 환급은 원칙적으로 반기마다 가능하지만, 차량·설비 등 큰 지출이 있을 때는 조기 환급 제도를 활용하면 자금을 빨리 돌릴 수 있다.

 조기환급 팁

- 차량·설비 구매 시 조기환급 신청 → 통상 2주 이상 빠름
- 영세율 사업자, 재무개선 이행 등 사유에 해당하면 홈택스 신청 가능

세무 리스크는 대부분 사적 사용에서 나온다. 출퇴근·가족용·여행 등은 가능하면 다른 차량으로 분리하고, 사업용 차량에는 광고 스티커·용품 적재·상시 장비 등 업무 사용 정황을 만들어 둔다. 주말·야간 장거리 이동이 잦다면 운행 일지에 거래처 방문·현장 점검·물류 픽업 등 목적을 구체적으로 기재한다. 블랙박스 GPS 주행 기록이나 출장 보고서를 보조 증빙으로 묶으면 더 안전하다.

부록
개인사업자의 종합 절세 전략

보험료 경비처리

- 종업원 단체 보험, 사업용 자동차 보험, 퇴직 연금 보험은 비용 인정
- 본인 개인 보험은 비용 불가

소득세 구간별 전략

- 과세 표준이 높은 구간일수록 보험료를 경비로 추가해 세율 절감 효과 극대화

퇴직 연금 보험 활용

- 의무 비용을 동시에 충족하고 전액 필요 경비 처리

단체 보험 설계

- 종업원 복지 향상 + 경비 인정으로 사업주 절세 효과 동시 달성

체계적인 보험 설계는
개인사업자의 절세와 안정적인 경영의 시작입니다.

보험과 세금
허두영의 시선

저축성 보험으로 설계하는 합법적 절세법!

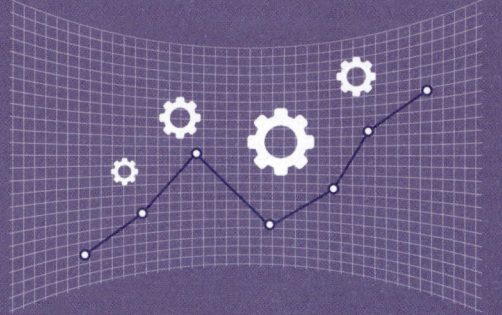

허두영

- 전북대 유기소재섬유 전공
- ㈜코튼클럽 생산관리부 근무
  (사내교육책자 집필)
- 굿리치 우수 RP
- KGA에셋 우수팀장 9연속
- KGA에셋 명인클럽 등재
- KGA에셋 연도 MVP
- 메가푸른에셋 최우수 다수
- 메가푸른에셋 연도 최우수
- 메가푸른에셋 TOP10
- 메가푸른에셋 신입교육강사

　허두영 지점장은 보험을 위험 이전의 장치이자 세법 안에서 현금흐름을 설계하는 절세 도구로 바라본다. 단순한 '10년 유지 비과세' 공식을 넘어, 저축성·보장성보험, 즉시연금, 연금계좌를 하나의 흐름으로 연결해 합법적 절세 전략을 탐구해왔다. 그는 보험을 비용이 아니라 현금흐름 플랫폼으로 정의하며, 독자들이 세법과 제도의 변화를 활용해 안정적 재무 지도를 그릴 수 있도록 안내한다.

　전북대학교 유기소재섬유 전공 후 코튼클럽 생산관리부에서 경력을 쌓으며 사내 교육 책자 집필도 하였다. 금융업에 입문한 이후 굿리치 우수 RP, KGA 에셋 우수 팀장 9연속, 명인 클럽, 연도 MVP 등 성과를 거두었으며, 현재는 메가푸른에셋에서 연도 최우수, TOP10 선정, 신입 교육 강사로 활동하고 있다.

이 글을 시작하며

보험과 세금, 합법적 절세의 지도를 펼치다

보험은 위험 이전의 장치이자 세법 안에서 현금흐름을 설계하는 절세 수단이다. 그러나 단순히 '10년 유지하면 비과세'라는 말만 믿으면 규정 변화와 예외 조항 앞에서 쉽게 흔들릴 수 있다. 이 책은 저축성·보장성보험, 즉시연금, 연금계좌를 하나의 흐름으로 묶어 언제, 무엇을, 어떻게 운용해야 세금 효율이 극대화되는지를 안내한다.

핵심은 네 가지다. ▲저축성보험 비과세 요건, 단순히 유지 기간만이 아니라 납입 구조와 가입 시점에 따라 결과가 달라진다. ▲중도인출·계약 변경의 리스크, 이름만 바꿨을 뿐인데 세법은 새로운 계약으로 판단한다. ▲즉시연금·연금계좌 과세 체계, 인출 시기와 방식에 따라 세율이 크게 달라진다. ▲세제적격과 비적격 전략, 현재 세금을 줄일지 은퇴 후 비과세 혜택을 누릴지 선택해야 한다. 이 네 가지 축을 이해하면 보험의 세금 구조가 한눈에 들어온다.

결국 보험은 비용이 아니라 세법과 제도를 잇는 현금흐름 플랫폼이다. 독자는 자신의 계약을 연도·한도·구조라는 좌표 위에 올려놓고 합법적 절세의 길을 설계해야 한다. 변화는 이어지지만 원칙은 단순하다. 시점·한도·구조를 관리하는 사람이 결과의 분포를 바꾼다.

Q&A
저축성보험과 비과세 요건에 관한 자주 묻는 질문

Q01. 세법에서 규정하는 저축성보험의 개념과 비과세 요건은 무엇일까?

저축성보험은 단순히 위험에 대비하는 보장성 보험과는 달리, 일정 기간 보험료를 납입하고 만기 시점에 돌려받는 보험 차익이 발생하는 상품을 말한다. 쉽게 말해, 저축의 기능과 보험의 기능이 결합된 형태라고 할 수 있다. 이 상품은 가입자가 장기간 보험료를 납입해 모은 자금에 일정한 이자가 붙어 만기 환급금이나 해약 환급금으로 돌아오기 때문에, 실제로는 저축성 금융상품과 유사하다.

세법은 이러한 저축성보험에 대해 일정 요건을 충족하는 경우에는 보험 차익을 이자소득으로 보지 않고 비과세 혜택을 제공한다. 이는 장기 저축을 유도하고, 보험을 통한 노후 준비와 생활 안정을 지원하기 위한 제도적 장치라 할 수 있다. 그러나 모든 저축성보험이 무조건 비과세인 것은 아니다. 보험 가입 시점, 납입 방식, 유지 기간, 납입 한도 등 다양한 조건을 충족해야만 비과세 혜택을 받을 수 있다. 특히 2013년과 2017년을 전후로 세법이 개정되면서 비과세 요건이 강화되었으므로, 본인이 언제 어떤 조건으로 가입했는지를 반드시 확인할 필요가 있다.

1. 저축성보험의 개념

소득세법 시행령 제25조 제1항은 저축성보험을 '보험 계약 기간 중 보험 계약자가 납입한 보험료를 초과하여 환급받는 보험 차익이 발생하는 보험'으로 정의한다. 다시 말해, 납입 보험료와 돌려받는 금액이 동일하거나 그보다 적다면 과세 대상이 되지 않지만, 만기 보험금이나 해약 환급금이 납입 보험료를 초과한다면 그 차익은 원칙적으로 과세 대상인 이자 소득으로 본다.

다만, 일정한 요건을 충족하면 이 차익을 과세하지 않는, 즉 비과세 혜택을 준다. 예를 들어 10년 이상 장기간 유지한 보험에 대해서는 차익 부분에 대해 과세하지 않는 식이다. 이는 저축성 보험의 본질을 고려해 장기 저축을 장려하려는 목적에서 마련된 제도다.

2. 비과세 요건의 변천 과정

저축성 보험의 비과세 요건은 크게 세 시기로 나눠 설명할 수 있다.

① 2013년 2월 14일 이전 가입

2013년 2월 14일 이전에 가입한 저축성 보험은 비교적 단순한 요건만 충족하면 비과세가 적용되었다. 보험의 납입 방식과 무관하게,

만기일 또는 중도 해지일까지 10년 이상 유지하면 보험 차익은 비과세였다. 따라서 일시납이든, 월 적립식이든, 일정 기간만 유지하면 차익에 대해 과세가 되지 않았다. 이 시기에 가입한 보험은 세제 혜택 측면에서 상당히 유리한 조건을 가진 셈이다.

② 2013년 2월 15일~2017년 3월 31일 가입
2013년 소득세법 개정으로 비과세 요건이 까다로워졌다.
- 월 적립식 저축성 보험은 단순히 10년 유지뿐 아니라, 최소 5년 이상 납입해야 하고, 매월 일정 금액을 균등하게 납입해야 한다. 즉, 2~3년만 내고 중도에 납입을 중단하거나, 불규칙하게 보험료를 납입하면 비과세 혜택을 받을 수 없다.
- 종신형 연금 보험은 55세 이후부터 연금 형태로 수령해야 하며, 사망 시 소멸되는 구조여야 한다. 이 경우에만 차익이 비과세로 인정된다.
- 일시납 저축성 보험은 한도가 설정되었다. 즉, 10년 이상 유지해야 하며, 동시에 1인당 총 납입 보험료가 2억 원 이하인 경우에만 비과세가 적용된다.

결국 이 시기에는 단순히 유지 기간만이 아니라 납입 방식, 납입 기간, 한도까지 모두 충족해야 세제 혜택을 누릴 수 있었다.

③ 2017년 4월 1일 이후 가입
2017년 4월 이후부터는 한층 더 엄격한 요건이 추가되었다.
- 월 적립식 저축성 보험은 기존 요건(10년 유지, 5년 이상 납입, 균등 납입)에 더해, 매월 납입하는 보험료 합계가 1인당 150만 원 이하여야 한다. 이는 동일 계약자 명의로 가입한 모든 월 적립식 보험료를 합산해 계산한다.
- 일시납 저축성 보험은 한도가 1억 원으로 줄어들었다. 즉, 한 사람 당 일시납 보험료 총액이 1억 원 이하이고, 10년 이상 유지해

야만 비과세 혜택을 받을 수 있다.

이처럼 시간이 갈수록 비과세 요건은 강화되었으며, 특히 2017년 이후에는 '고액 저축성 보험을 통한 절세'가 사실상 어렵게 되었다.

> ### 💬 상담사례
>
> 사례 1) A씨는 2012년에 일시납으로 1억 5천만 원짜리 저축성 보험에 가입했다. 이 경우 단순히 10년 이상 유지하기만 하면, 만기 시 발생하는 모든 차익은 비과세다. 이는 당시 규정이 단순했기 때문이다.
>
> 사례 2) B씨는 2015년에 월 200만 원씩 적립하는 저축성 보험에 가입했다. 당시에는 월 납입 금액 한도가 없었기 때문에, 5년 이상 납입하고 10년 이상 유지하면 비과세가 적용된다. 만약 같은 조건으로 2018년에 가입했다면, 월 납입 금액이 150만 원 한도를 초과했으므로, 초과분에서 발생하는 차익은 과세된다.
>
> 사례 3) C씨는 2019년 5월에 일시납 1억 5천만 원짜리 저축성 보험에 가입했다. 이 경우 일시납 한도가 1억 원으로 줄어든 시점이므로, 초과된 5천만 원 부분에서 발생하는 차익은 과세 대상이 된다. 따라서 만기 시 보험금 전액이 비과세되는 것이 아니라, 일부는 과세 대상 소득으로 잡히게 된다.

유의사항

저축성보험은 과거에는 절세 상품으로 널리 활용되었으나, 현재는 요건이 강화되어 세제 혜택을 기대하기 어렵다. 특히 2017년 이후 가입자는 납입 구조와 한도를 철저히 지켜야 하며, 이를 놓치면 예상치 못한 세금이 부과될 수 있다.

● 계약 전 반드시 가입 시점을 확인하고,
● 월 납입 한도 및 일시납 한도를 점검하며,
● 장기 유지 계획을 세워야 한다.

또한 보험사에서 제공하는 상품 설명서의 비과세 문구만 믿기보다는, 세법 규정을 직접 확인하거나 전문가 상담을 거쳐야 한다. 왜냐하면 동일 상품이라도 가입 시기에 따라 적용 요건이 전혀 다를 수 있기 때문이다.

세법상 저축성보험은 단순히 '10년 유지'라는 기준만 충족한다고 해서 모두 비과세가 적용되는 것이 아니다. 2013년 2월과 2017년 4월을 기점으로 요건이 점점 강화되면서, 현재는 일시납은 1억 원, 월 적립식은 월 150만 원 한도라는 조건까지 지켜야 한다. 따라서 저축성보험을 절세 수단으로 활용하려는 경우라면, 반드시 자신의 가입 시점을 기준으로 어떤 규정이 적용되는지 확인해야 하며, 장기적인 유지 계획을 세워야 한다. 그렇지 않다면 만기보험금에서 예상치 못한 세금이 부과될 수 있다.

[저축성 보험 비과세 체크리스트]

☑ 가입 시점 확인
☑ 월 납입 한도 / 일시납 한도 점검
☑ 장기 유지 계획 수립
☑ 세법 규정 및 전문가 상담

> **Q02. 가입 후 10년 이내에 보험금을 중도인출하면 소득세가 과세될까?**

저축성보험은 10년 이상 유지하면 보험 차익에 대해 비과세 혜택을 받을 수 있다. 하지만 현실적으로 가입자가 긴 기간 동안 보험을 유지하지 못하고 중도에 자금을 찾아 쓰는 경우가 많다. 이럴 때 중도 인출금이 과연 소득세 과세 대상이 되는지에 대한 의문이 생긴다. 소득세법은 원칙적으로 이자 소득은 발생 시점에 과세하도록 규정하고 있다. 그러나 보험의 경우, 중도 인출에 대해서는 예외가 있다. 과거에는 중도 인출금에 대해서도 보험 차익이 발생하면 과세했으나, 2005년 세법 개정 이후로는 일정 조건을 충족하면 과세하지 않도록 변경되었다.

1. 중도인출의 의미

보험회사마다 제도적 차이는 있지만, 일반적으로 중도 인출은 해약환급금의 일정 범위 내에서 일부를 미리 찾아 쓰는 기능이다. 따라서 대부분의 경우, 단순히 중도 인출을 한다고 해서 보험 차익이 발생하지 않는다. 다만 일부 투자성이 강한 상품에서는 중도 인출 과정에서 보험 차익이 발생할 수도 있어 세법 규정을 주의 깊게 볼 필요가 있다.

2. 2004년 12월 31일까지 가입한 저축성보험

이 시기까지 가입한 저축성보험은 다소 불리한 규정을 적용받았다. 최초로 보험료를 납입한 날로부터 10년이 지나지 않은 시점에 중도 인출을 하면, 해당 인출금에 보험 차익이 포함되어 있는 경우 이자 소득세가 과세되었다. 즉, 10년 미만 유지한 상태에서 중도 인출을 하면 과세 대상이 되었던 것이다.

3. 2005년 1월 1일 이후 가입한 저축성보험

2005년 세법 개정으로 제도가 합리적으로 바뀌었다. 최초로 보험료를 납입한 날로부터 10년 이상 유지한 경우, 중도 인출을 하더라도 무조건 이자 소득세가 비과세된다. 이는 장기 유지 요건을 충족한 계약자에게는 세제 혜택을 확실히 보장해 준다는 의미다. 따라서 2005년 이후에 가입한 보험은 중도 인출 여부와 관계없이 10년을 넘기기만 하면 세금 부담 없이 자금을 찾아 쓸 수 있다.

저축성보험은 10년 이상 유지할 경우, 중도 인출금에 대해서 이자소득세가 과세되지 않는다. 다만 2004년까지 가입한 보험은 10년을 채우지 못한 시점의 인출금에 대해 과세될 수 있었으므로, 가입 시점에 따라 세법 적용이 달랐다. 현재는 2005년 이후 가입자라면 10년 이상만 유지하면 언제든 세금 부담 없이 중도 인출이 가능하다. 즉, 중도 인출 자체가 문제되는 것이 아니라 유지 기간 10년 충족 여부가 핵심이다. 따라서 보험금을 조기 활용하고자 한다면 계약 연도와 유지 기간을 반드시 확인하고, 세법상 비과세 요건을 충족한 뒤 사용하는 것이 안전하다.

[저축성보험 중도 인출 과세 기준]

1. 가입 시점에 따른 과세 여부

2004년까지 가입	2005년 이후 가입
● 10년 미만 유지: 중도 인출 시 과세 ● 10년 이상 유지: 비과세	● 10년 미만 유지: 중도 인출 시 과세 ● 10년 이상 유지: 무조건 비과세

2. 비과세 핵심 조건

핵심조건	· 중도 인출 자체가 문제가 아님 · 10년 이상 유지 여부가 핵심 조건
주의사항	· 가입 연도에 따라 세법 적용이 달라짐 · 특히 2004년 이전 가입자는 주의 필요

Q03. 계약자 변경 시 저축성보험의 비과세 요건은 어떻게 달라질까?

저축성보험은 장기간 유지 시 보험 차익에 대해 비과세 혜택을 받을 수 있는 대표적인 금융상품이다. 그러나 계약자나 수익자를 변경하거나 보장성보험을 저축성보험으로 전환하는 경우, 세법상 비과세 요건이 달라질 수 있다. 특히 2013년 2월 15일과 2017년 4월 1일은 세법 개정의 중요한 분기점이므로 반드시 유의해야 한다.

1. 2013년 2월 14일 이전 가입자
- 이 시기 가입한 저축성보험은 규제가 비교적 완화되었다.
- 계약자·수익자를 변경하더라도 최초 가입 시점이 그대로 인정된다.
- 예: 2008년 가입 → 2015년 아들로 계약자 변경 → 비과세 요건은 2008년 기준으로 계산 → 2018년 이후 비과세 가능

즉, 계약 변경과 무관하게 최초 납입일 기준으로 10년 유지 여부를 판단한다.

2. 2013년 2월 15일 이후 가입자
- 세법 개정으로 규정이 강화되었다.
- 계약자를 변경하면 변경일을 최초 납입 일로 다시 계산한다.
- 예: 2014년 가입 → 2017년 아들로 변경 → 2017년부터 새롭게 10년을 계산해야 한다.

※ 단, 계약자의 사망 등 불가피한 사유는 예외적으로 인정된다.
→ 명의만 바꿔 조기 비과세를 노리는 편법을 막기 위한 규정이다.

3. 보장성보험에서 저축성보험으로 전환
- 보장성보험을 해지하지 않고 저축성보험으로 갈아타는 경우도 동일하다.
- 전환일이 최초 납입일로 보아 10년 유지 요건을 새로 시작해야 한다.

4. 월적립식 저축성보험
- 2013년 이후 가입자는 단순히 10년 유지뿐만 아니라 최소 5년 이상 균등하게 납입해야 한다.
- 계약자 변경 시, 변경 일이 최초 납입 일이 되므로 변경 이후 5년 이상 추가 불입이 필요하다.
- 기존 불입 기간은 인정되지만, 변경 후에도 5년을 채워야 한다는 점에서 주의가 필요하다.

5. 일시납 저축성보험 한도
- 2017년 이후에는 일시납 한도가 1억 원으로 축소되었다.
- 계약자 변경 시, 새로운 계약자의 총 보험료 납입 액이 한도를 초과하지 않아야 비과세 가능
- 예: 아버지 월 70만 원 계약 → 아들이 월 100만 원 계약 보유 → 승계 시 합계 170만 원 → 한도 초과로 비과세 제한 가능

6. 종신 보험과 연금 전환
- 종신 보험의 사망 보험금은 비과세 대상
- 단, 해약 환급금을 받는 경우에는 다음 조건을 모두 충족해야 비과세 가능: 10년 이상 유지 5년 이상 납입기본 보험료 균등 납입
- 연금 전환 시에는 조건이 더 엄격하다:
    ① 10년 이상 유지
    ② 5년 이상 납입
    ③ 균등 납입
    ④ 월 납입 보험료 합계 150만 원 이하

→ 모두 충족해야 비과세 가능

7. 부분 해약(생활비 수령)
- 최근 등장한 '생활비 받는 종신보험' 등은 해약 환급금 일부를 생활비로 지급한다.
- 원칙적으로는 보험 차익으로 과세 대상이지만, 10년 이상 유지 + 5년 이상 납입 + 균등 납입 조건을 충족하면 비과세 가능
- 단, 월 150만 원 한도 위반 여부가 여전히 논란이다.

8. 저축성보험 비과세 요건
- 저축성 보험 비과세 여부는 계약자 변경 시점, 상품 전환 여부, 납입 방식에 따라 달라진다.
- 2013년 2월 15일과 2017년 4월 1일을 기점으로 규제가 강화되었으며, 단순한 명의 변경이나 전환만으로는 비과세 혜택을 유지할 수 없다.
- 반드시 변경 일을 기준으로 10년 이상 유지해야 하며, 월 150만 원 한도 및 균등 납입 조건도 충족해야 한다.

따라서 저축성 보험을 활용한 절세 전략은 단순히 '10년만 유지'하는 문제를 넘어, 가입 시점·계약 구조·납입 방식을 모두 고려해야 한다. 계약 변경이나 전환을 계획할 때는 반드시 세법 요건을 확인하고, 장기적인 유지 계획을 세워야 안정적으로 비과세 혜택을 누릴 수 있다.

[저축성 보험 비과세 요건 – 시점별 비교]

2013년 2월 14일 이전 가입
최초 가입일 유지
- 규제 완화
- 계약자 변경해도 최초 가입일 기준 인정
- 예: 2008년 가입 → 2015년 변경
  → 비과세 기준은 2008년

2013년 2월 15일 ~ 2017년 3월 31일 가입
변경일 기준 재계산
- 계약자 변경 시 → 변경일이 새로운 기준
- 예: 2014년 가입 → 2017년 변경 →
  2017년부터 10년 계산

2017년 4월 1일 이후 가입
한도·요건 모두 충족
- 추가 규제: 일시납 1억 원 한도,
  월 150만 원 한도, 5년 이상 균등 납입
- 연금 전환 시 더 엄격한 조건 필요

Q04. 즉시연금보험에도 이자소득세가 과세될까?

많은 사람들이 퇴직금을 일시금으로 받으면 목돈을 어떻게 운용할지 고민한다. 이때 대표적인 선택지 중 하나가 '즉시연금보험'이다. 즉시연금보험은 보험료를 한 번에 납입하고 그 즉시 연금을 개시하여 일정 기간 동안 생활 자금처럼 받는 구조다. 그렇다면 이렇게 받은 연금에도 이자소득세가 과세될까?

1. 즉시연금보험의 개념과 유형

즉시연금보험은 가입자가 목돈을 한 번에 납입하면, 곧바로 매월 혹은 매년 연금 형태로 지급받을 수 있는 보험 상품이다. 대표적인 유형은 세 가지로 나뉜다.

- 확정형: 확정된 기간 동안 연금을 지급하고, 종료 시 만기금을 지급하는 형태
- 상속형: 매월 납입 원금의 이자와 사망 시 사망보험금을 상속받을 수 있는 형태
- 종신형: 피보험자가 사망할 때까지 연금을 지급하는 형태로, 사망 시점까지의 장수 리스크를 대비할 수 있다.

이처럼 즉시연금은 단순한 저축을 넘어 노후 자금 운용 수단으로 활용되는 상품이지만, 보험 차익에 대해서는 소득세법상 과세 규정을 따른다.

2. 이자소득세 과세 기준

즉시연금보험의 연금은 기본적으로 '납입 원금'과 '보험 차익'으로 구성된다. 납입 원금 자체는 과세 대상이 아니지만, 보험 차익은 원칙적으로 이자소득세 과세 대상이다. 다만 세법상 비과세 요건을 충족하면 과세되지 않는다.

●2013년 2월 14일까지 가입한 경우

이 시점까지 가입한 즉시연금은 상대적으로 규정이 완화되어, 확정형과 상속형은 보험 차익에 대해 과세되지만 종신형은 비과세 혜택을 받을 수 있었다. 특히 납입 보험료를 일정 기간 유지하면서 발생한 차익은 과세하지 않는 경우가 많았다.

● 2013년 2월 15일 이후 가입한 경우

이때부터는 규정이 강화되었다. 1인당 일시납 보험료가 2억 원

(2017년 4월 1일 이후 가입자는 1억 원)을 초과하면 과세가 이루어진다. 또한 55세 이후 연금 수령, 기대 여명 이내 보증, 계약자와 피보험자·수익자가 동일해야 하는 조건 등을 모두 충족해야만 비과세로 인정된다. 조건을 만족하지 못하면 보험 차익은 이자소득세 과세 대상이 된다.

[즉시연금보험 이자소득세 과세 기준 - 가입 시점별 차이]

구분	과세 여부	비과세 조건
2013.2.14 이전	종신형: 비과세 확정·상속형: 과세	-
2013.2.15 이후	없음	① 55세 이후 수령 ② 기대여명 이내 보증 ③ 계약·피보험자·수익자 동일 ④ 납입한도 준수

3. 실무상 유의사항

즉시연금보험을 가입할 때 가장 중요한 점은 계약 구조다. 계약자, 피보험자, 수익자가 반드시 동일해야 하며, 그렇지 않으면 비과세 요건을 충족하기 어렵다. 예를 들어 아버지가 계약자이고 아들을 수익자로 지정한 후 사망 시 상속형 즉시연금을 지급받는 구조라면, 이는 사실상 상속 재산 이전에 해당되어 과세 대상이 된다.

또한 비과세 한도를 초과하는 고액 즉시연금보험은 과세 위험이 크다. 일시납 2억 원(2017년 이후는 1억 원)을 넘는 상품에 대해서는 이자소득세가 반드시 부과된다. 따라서 목돈을 한 번에 넣을 때는 세법상 한도를 고려해야 한다.

즉시연금보험은 노후 자금을 안정적으로 운용할 수 있는 좋은 수단이지만, 무조건 세금이 면제되는 것은 아니다. 계약 시점, 납입 금액, 계약 구조에 따라 이자소득세 과세 여부가 달라진다.

- 2013년 2월 14일 이전 가입자는 비교적 유리한 비과세 조건을 적용받을 수 있고,
- 2013년 2월 15일 이후 가입자는 고액 납입 및 요건 미충족 시 과세 대상이 된다.

따라서 즉시연금을 활용할 때는 단순히 상품 설명서만 믿기보다는 세법 규정을 꼼꼼히 확인해야 하며, 특히 계약자·피보험자·수익자를 동일하게 설정하는 것과 납입 금액을 비과세 한도 이내로 유지하는 것이 핵심이다. 이를 지키지 못하면 기대와 달리 연금 수령액 중 상당 부분이 과세되어 실질 수령액이 줄어들 수 있다.

Q05. 세제적격연금과 세제비적격연금은 어떻게 다를까?

연금 상품을 이야기할 때 흔히 세제적격연금과 세제비적격연금이라는 용어를 접하게 된다. 마치 법적으로 명확히 구분된 개념처럼 보이지만, 사실 세법에는 이런 용어가 직접적으로 등장하지 않는다. 이 구분은 보험 업계에서 소비자가 쉽게 이해할 수 있도록 편의상 사용하는 표현이다.

세제적격연금은 연금 저축 계좌를 의미한다. 말 그대로 세법상 세제 혜택을 받을 수 있는 연금 상품이다. 반대로 세제비적격연금은 세액 공제 혜택은 없지만, 장기간 유지 시 보험 차익에 대해 비과세가 가능한 일반 저축성 보험의 연금 전환 상품을 가리킨다.

1. 납입할 때의 차이

세제적격연금은 납입 시 세액 공제 혜택을 받을 수 있다. 연간 600만 원 한도 내에서 세액 공제가 적용되며, 근로 소득 5,500만 원 이하라면 15%, 그 이상이라면 12%가 공제된다. 이를 통해 연간 최대 90만 원까지 세금을 줄일 수 있다.

반대로 세제비적격연금은 납입 시점에 아무런 세제 혜택이 없다. 단순히 저축성 보험처럼 보험료를 납입하고, 이후 연금 형태로 전환해 수령하는 구조다.

2. 중도 해지할 때의 차이

세제적격연금을 중도에 해지하면, 그동안 받았던 세제 혜택을 다시 돌려내야 한다. 즉, 세액 공제를 받은 금액에 대해 기타 소득세 16.5%가 부과된다. 이는 단기간 저축 상품처럼 악용되는 것을 막기 위한 장치다.

반면 세제비적격연금은 애초에 세액 공제를 받지 않았기 때문에 해지 시점에서 세금 환수 부담이 없다. 다만 저축성 보험의 규정을 따르므로, 10년 이상 유지해야만 보험 차익이 비과세로 인정된다.

3. 연금을 받을 때의 차이

세제적격연금은 연금을 수령할 때 과세된다. 연간 연금 수령액이 1,500만 원 이하라면 약 3~5% 수준의 분리 과세를 선택할 수 있다. 하지만 1,500만 원을 초과하면 다른 소득과 합산되어 종합 과세가 적용된다. 즉, 납입할 때는 세금을 줄일 수 있지만, 수령할 때는 연금 소득세를 내야 한다.

세제비적격연금은 성격이 다르다. 납입 시 혜택은 없지만, 10년 이상 유지한 경우 연금을 수령할 때 보험 차익이 전액 비과세된다. 즉,

은퇴 후 실제 연금으로 받는 돈에는 세금 부담이 없다는 장점이 있다.

결국 두 상품의 가장 큰 차이는 세금을 언제 줄여주고 언제 부과하는가에 있다.

- 세제적격연금은 납입할 때 세금을 절약할 수 있지만, 나중에 연금을 받을 때 세금을 내야 한다.
- 세제비적격연금은 납입할 때는 세제 혜택이 없지만, 장기간 유지하면 연금 수령 시 세금을 전혀 내지 않을 수 있다.

즉, 전자는 '세금 절약을 지금 누리고 나중에 세금을 내는 방식', 후자는 '세금 혜택은 지금 없지만 장기 유지 시 비과세로 끝나는 방식'이라고 요약할 수 있다.

소비자는 자신의 소득 수준, 세액 공제 필요 여부, 은퇴 후 예상 소득 구조를 고려해 어떤 방식이 유리할지 선택해야 한다.

[세제적격연금과 세제비적격연금의 차이]

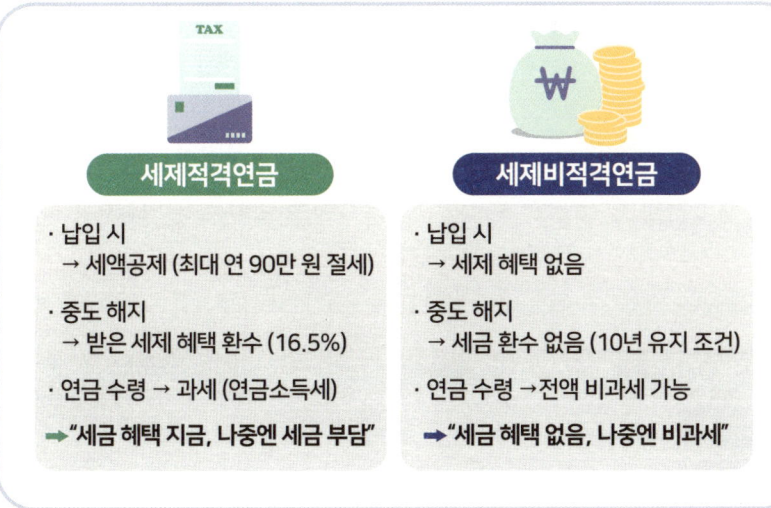

Q06. 세제적격연금에 가입하면 어떤 절세 효과가 있을까?

연금은 본래 노후 생활비를 준비하기 위한 금융상품이지만, 세제적격연금은 여기에 더해 세금 혜택까지 제공한다는 점에서 큰 장점을 가진다. 2013년부터 연금저축과 퇴직연금 계좌에 불입하는 금액에 대해 소득세법상 세액공제를 적용받을 수 있게 되면서, 많은 사람들이 노후 준비와 동시에 매년 세금을 줄일 수 있는 수단으로 활용하고 있다.

즉, 세제적격연금에 가입하면 단순히 미래를 대비하는 것이 아니라, 현재의 세 부담을 낮추는 이중 효과를 누릴 수 있다.

1. 세액공제의 기본 구조

세제적격연금의 가장 큰 특징은 납입할 때마다 세액공제를 받을 수 있다는 점이다.

- 연금저축계좌는 연간 600만 원까지 공제가 가능하다.
- 여기에 퇴직연금계좌까지 합치면 총 900만 원까지 한도가 늘어난다.

예를 들어, 한 사람이 연금저축에 600만 원, 퇴직연금에 300만 원을 납입했다면 총 900만 원 전액이 세액공제 대상 금액이 된다.

공제율은 소득 수준에 따라 다르다.

구분	총급여 기준	종합소득금액 기준	세액공제율
저소득자	5,500만 원 이하	4,500만 원 이하	15%
고소득자	5,500만 원 초과	4,500만 원 초과	12%

즉, 소득이 낮은 사람일수록 더 높은 비율로 세금을 돌려받을 수 있어 절세 효과가 크다.

2. 절세 효과를 수치로 살펴보기

세제적격연금의 세액공제 혜택은 구체적인 숫자로 보면 이해가 쉽다.

납입 항목	납입 금액	소득 5,500만 원 이하 (15%)	소득 5,500만 원 초과 (12%)
연금저축	600만 원	90만 원 절세	72만 원 절세
연금저축 + 퇴직연금	900만 원	135만 원 절세	108만 원 절세

이 금액은 단순히 일회성이 아니라 매년 반복적으로 발생하기 때문에 장기적으로 유지할수록 누적 절세 효과가 상당하다.

3. 사례를 통한 이해

이제 구체적인 사례를 통해 살펴보자.

항목	A씨	B씨
연 소득	4,800만 원	7,000만 원
세액공제율	15%	12%
납입 금액 (연금저축 + 퇴직연금)	900만 원	900만 원
연간 절세 금액	135만 원	108만 원

이 사례에서 알 수 있듯이 같은 금액을 불입하더라도 소득 수준에 따라 절세 효과가 달라진다. 소득이 낮은 사람에게는 세제적격연금이 특히 더 유리한 셈이다.

세제적격연금의 절세 효과는 단순히 1년 단위로 끝나지 않는다. 예를 들어 매년 900만 원을 불입해 120만 원 정도의 세금을 절약한다고 가정해 보자. 10년 동안 꾸준히 납입한다면 절세 누적액은 1,200만 원에 달한다. 여기에 연금 계좌의 운용 수익까지 더해진다면, 노후 준비와 절세 효과가 동시에 크게 불어난다.

즉, 세제적격연금은 단기적인 절세 혜택뿐 아니라 장기적인 자산 형성 효과까지 겸비한 제도라고 볼 수 있다.

세제적격연금은 노후 준비와 절세라는 두 마리 토끼를 잡을 수 있는 금융상품이다.

- 납입할 때마다 세액공제를 통해 매년 수십만 원에서 백만 원 이상의 세금을 절약할 수 있고,
- 소득이 낮을수록 더 높은 공제율이 적용되어 혜택이 커진다.
- 또한 절세 효과는 매년 반복적으로 쌓이기 때문에 장기적으로는 수백만 원 이상의 누적 절세 효과를 기대할 수 있다.

다만 공제 한도가 연금저축 600만 원, 연금저축 + 퇴직연금 합산 900만 원으로 정해져 있으므로 자신의 소득 수준과 불입 계획을 잘 고려하는 것이 중요하다.

즉, 세제적격연금은 단순한 노후 대비 수단이 아니라 현재의 세금 부담을 줄이고 장기적인 자산 형성까지 연결되는 스마트한 절세 전략이라고 할 수 있다.

Q07. 세제적격연금을 중도에 해지하면 어떤 세금이 부과될까?

　연금저축과 퇴직연금을 포함한 세제적격연금은 노후 자금을 안정적으로 마련하기 위해 세법상 다양한 세제 혜택을 제공한다. 납입 시 세액공제를 받을 수 있고, 연금으로 수령하면 분리과세가 가능하여 세 부담이 완화된다. 그러나 이러한 연금을 중도에 해지하면 상황은 달라진다. 해지 환급금은 더 이상 노후 자금을 위한 용도로 쓰이지 않는다고 판단되어 세법상 기타소득으로 분류되며 세금이 부과된다.

1. 중도 해지 시 과세 방식
　세법은 세제적격연금을 중도 해지할 경우, 해지 환급금에서 납입 원금을 제외한 나머지 이익금에 대해 기타소득세 15%(지방소득세 포함 시 총 16.5%)의 원천징수를 하도록 규정하고 있다. 예를 들어, 총 해지 환급금이 1,700만 원이고 이 중 원금이 1,500만 원이라면 발생한 이익금 200만 원에 대해 15%의 세율이 적용된다. 결과적으로 약 30만 원의 세금을 원천징수당하게 되는 것이다.

　과거에는 해지 환급금을 기타소득으로 보되, 일정 금액 이상일 경우 종합과세 대상에 포함되기도 했지만, 2015년 세법 개정 이후 이러한 복잡성이 줄어들었다. 현재는 해지 환급금이 얼마이든 원천징수세율 15%가 일괄 적용된다.

2. 예외적으로 과세되지 않는 경우
　세법은 불가피한 사유로 연금을 중도 해지하는 경우에는 과세를 면제하고 있다.

- 연금 가입자의 사망
- 가입자의 해외 이주
- 3개월 이상 장기 요양이나 중대한 질병
- 개인파산이나 회생 절차 개시

이러한 사유에 해당한다면 해지 환급금은 기타소득세 과세 대상에서 제외된다. 즉, 제도의 본래 취지를 벗어나지 않는 범위에서는 납세자 보호가 이루어지는 셈이다.

3. 해지 시 추가 가산세

연금 계좌는 단기 해지를 막기 위해 가산세 규정도 두고 있다. 연금 계좌에 가입한 지 5년 이내에 해지할 경우, 납입 금액의 일부에 대해 2%의 가산세가 추가된다. 예를 들어 400만 원을 불입했는데 5년 내 해지한다면, 그 금액의 2%에 해당하는 8만 원이 추가 세금으로 부과된다. 이 규정은 단기 저축 상품으로 전락하는 것을 방지하기 위한 장치다.

세제적격연금은 장기 유지할수록 세제 혜택이 크지만, 중도에 해지하면 혜택이 사라지고 오히려 세금이 부과된다. 해지 환급금의 원금 부분은 비과세지만, 이익금은 기타소득으로 보아 15%(지방세 포함 시 16.5%)가 과세된다. 또한 5년 이내 해지 시에는 가산세까지 붙는다. 다만 사망, 해외 이주, 장기 요양 등 불가피한 사유가 있을 경우에는 과세가 면제된다.

따라서 세제적격연금은 반드시 장기 유지할 계획을 가지고 가입해야 하며, 중도 해지는 최후의 수단으로 고려하는 것이 바람직하다. 불가피하게 해지해야 하는 상황이 생겼다면, 해당 사유가 세법상 과세 예외에 해당하는지를 반드시 확인해 불필요한 세금 부담을 줄일 수 있다.

[세제적격연금, 중도 해지하면 이렇게 과세됩니다!]

기본 과세
· 이익금에 15%
  기타소득세
+ 지방세 포함 총 16.5%

예외 사유(비과세 가능)
· 사망   · 해외 이주
· 장기 요양 (3개월↑)
· 중대한 질병
· 개인 파산 / 회생 절차

추가 가산세
· 가입 5년 이내 해지 시
→ 납입금의 2% 추가 과세

> **Q08. 연금계좌란 무엇이며,
> 연금 수령 시 세금은 어떻게 부과될까?**

그동안 퇴직연금과 연금저축은 과세 체계가 서로 달랐다. 퇴직연금은 연금 형태로 수령하면 연금소득으로, 일시금으로 받으면 퇴직소득으로 과세했다. 반면 연금저축은 연금 형태로 수령하면 연금소득, 일시금으로 수령하면 기타소득으로 과세하는 구조였다. 이러한 복잡한 체계를 단순화하기 위해 2013년부터는 퇴직연금과 연금저축을 모두 '연금계좌'라는 틀 안에 통합했다.

즉, 이제는 퇴직연금이든 연금저축이든 '연금계좌'로 묶어서 관리하고, 연금 형태로 인출하면 연금소득으로, 연금 외의 방식으로 인출하면 퇴직소득이나 기타소득으로 과세하는 통합 체계가 마련된 것이다.

1. 55세 이전에 인출하는 경우

- 원칙적으로 연금은 55세 이후부터 받을 수 있다.
- 만약 55세 이전에 인출하면 '연금소득'으로 보지 않고, 기타소득으로 과세된다.
- 이때 적용되는 세율은 15.4% (기타소득세 + 지방세)로, 연금소득세율(3.3~5.5%)보다 훨씬 높다.

따라서 불가피한 사유가 아니라면 55세 이전 인출은 피하는 것이 유리하다.

2. 55세 이후, 정해진 수령 한도 내에서 인출하는 경우

- 연금 개시 연령인 55세 이후에는 연금소득으로 과세된다.
- 세율은 연금소득세율(3.3~5.5%)이 적용된다. 이는 일반 소득세율보다 낮아 세 부담이 줄어드는 장점이 있다.
- 다만, 연간 인출할 수 있는 한도는 세법상 산식으로 정해진다.
○ 연금계좌 평가액 × 연금 수령 연차율(연령·연차에 따라 다름)
- 이 범위 내에서 인출하면 전액 연금소득으로 과세된다.

55세 이후에는 한도 범위 안에서 인출하는 것이 가장 효율적이다.

3. 55세 이후, 수령 한도를 초과해 인출하는 경우

- 한도를 초과해서 인출하면 초과분은 연금소득이 아닌 기타소득으로 과세된다.
- 이때 세율은 15.4%로, 낮은 연금소득세율보다 불리하다.
- 예를 들어, 연간 인출 한도가 1,200만 원인데 2,000만 원을 인출하면,

○ 1,200만 원까지는 연금소득세율(3.3~5.5%)
○ 초과한 800만 원은 기타소득세율(15.4%) 적용

한도를 초과한 인출은 불필요한 세금 부담을 키우므로 주의해야 한다.

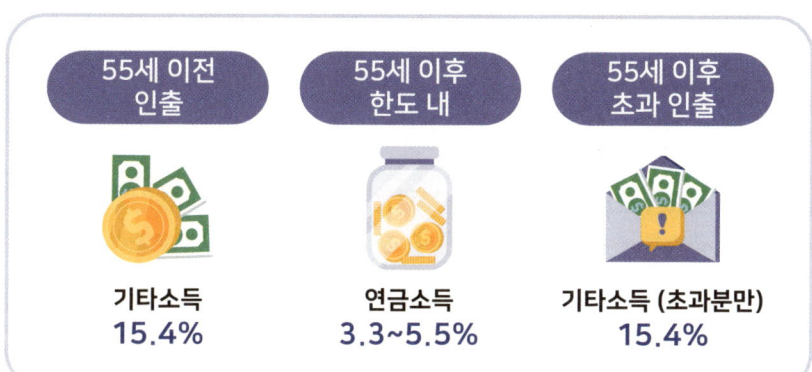

[연금계좌 과세 체계 한눈에 보기]

부록
세제적격연금의 단계별 세금 흐름

　세제적격연금은 노후 준비를 위한 대표적인 절세 수단이다. 하지만 납입 단계에서부터 중도 해지, 그리고 최종적으로 연금을 수령하는 시점까지 각 단계마다 과세 방식이 달라진다. 따라서 단순히 '세액공제를 받을 수 있다'는 점만 이해하는 것이 아니라, 연금의 전 과정을 통해 어떤 세금이 부과되는지 체계적으로 파악하는 것이 중요하다.

1. 불입 단계 - 세액공제 혜택
　연금저축이나 퇴직연금 계좌에 불입하면 근로소득자와 자영업자는 세액공제를 받을 수 있다. 일반적으로 연 600만 원 한도 내에서, 근로자의 경우 퇴직연금까지 합산하면 최대 900만 원까지 세액공제를 받을 수 있다. 세액공제율은 종합소득금액에 따라 12% 또는 15%가 적용된다. 즉, 소득이 낮을수록 더 큰 절세 효과를 누릴 수 있다.

2. 중도 해지 단계 - 기타소득세 부과
　연금계좌를 장기간 유지하지 못하고 중도에 해지할 경우 문제가 발생한다. 이때 해지 환급금은 세법상 기타소득으로 분류되어 16.5%(지방소득세 포함)의 세율로 과세된다. 다만 불가피한 사유(사망, 해외 이주, 3개월 이상 장기 요양 등)가 인정되는 경우에는 연금소득세율(5.5%)이 적용되거나 과세가 면제되기도 한다. 따라서 세제 혜택을 제대로 누리려면 최소한의 유지 기간을 충족해야 한다.

3. 연금 수령 단계 – 연금소득 과세

55세 이후 연금을 수령하면 세법상 연금소득으로 분류된다. 이때 연금소득세율은 일반 근로소득세율보다 낮은 3.3%~5.5% 수준이다. 수령자가 70세 이상이면 4.4%, 80세 이상이면 3.3%가 적용되어 고령일수록 세율이 낮아진다. 다만 연간 1,500만 원을 초과해 수령하면 다른 소득과 합산되어 종합과세 대상이 된다. 따라서 연금 수령 시기를 조정하고, 매년 수령액을 1,500만 원 이하로 유지하면 분리과세로 유리한 조건을 유지할 수 있다.

[세제적격연금 단계별 세금 흐름]

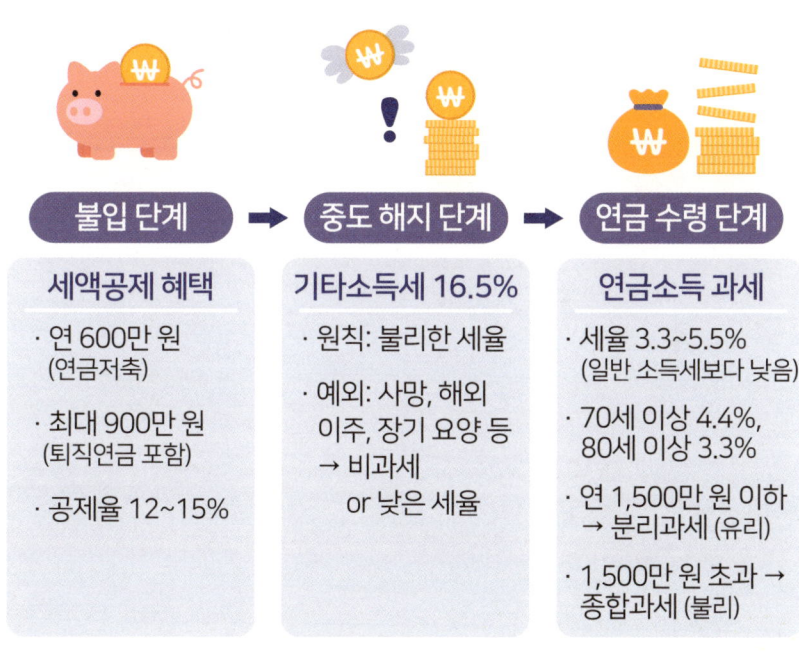

4. 단계별 세금 요약
- 불입 단계: 납입금에 대해 연 600만~900만 원 한도 세액공제, 공제율 12~15%
- 중도 해지: 원칙적으로 해지 환급금에 기타소득세 16.5% 과세
- 연금 수령: 연금소득으로 과세, 세율 3.3~5.5% 적용. 단, 연 1,500만 원 초과 시 종합과세

 세제적격연금은 불입 시점에는 세액공제를 통해 세금을 줄여주고, 연금 수령 시에는 낮은 세율로 과세하는 이점이 있다. 그러나 중도 해지 시에는 오히려 불리한 세율이 적용되므로 장기 유지가 전제되어야 한다. 특히 연금 수령 시 연간 수령액을 1,500만 원 이하로 조절하면 분리과세로 유리한 조건을 유지할 수 있으므로, 은퇴 후 현금흐름을 설계할 때 반드시 고려해야 한다.

전문가 7인의 보험과 세금

발행일	2025년 10월 01일
지은이	김동건, 김려원, 박기덕, 방시화, 이보라, 이여희, 허두영
펴낸이	남성현
편집·디자인	(주)에프피하우스
펴낸곳	(주)에프피하우스　　출판등록　2024년 7월 4일(제2024-000015호)
주소	부산광역시 남구 수영로 312, 2028호
전화	1566-4875
ISBN	979-11-94967-13-2 (종이책)　　　979-11-94967-12-5 (전자책)

· 인쇄·제작 및 유통상의 파본 도서는 구입하신 서점에서 바꿔드립니다.
· 이 책의 전부 또는 일부 내용을 재사용하려면 반드시 사전에 저작권자와 (주)에프피하우스의 동의를 받아야 합니다.